長く愛される
カフェオーナー
Interview
1

「Smørrebrød KITCHEN」オーナー
髙橋香織さん

株式会社エルワールド代表取締役。一般社団法人カフェのある暮らし協会代表理事。1998年、大阪・堀江のランドマークカフェ「muse osaka」の経営を引き継ぐ。現在は上質でサスティナブルなライフスタイルをテーマにカフェブランドの開発を手がけ、「SmørrebrødKITCHEN」など大阪・京都・東京に店舗を直営。

Q. カフェを開業しようと思った理由は？

よく足を運んでいた大好きなカフェの経営を引き継ぐことになり、カフェオーナーの道へ。元々専業主婦でしたが、娘の成長に合わせながら家庭と仕事を両立させることで、社会とのつながりができました。2016年にオープンした「Smørrebrød KITCHEN」は、中之島図書館のリニューアル時に市民からの一般公募で選出され、開業に至りました。

Q. 開業するまでに苦労したことは？

もともと古い書庫だったお部屋をリノベーション。重要文化財の建築制限が多いため、内装をつくるのに苦労しました。厨房設備の重量制限や旧式の空調設備等を解決するのに費用がかさみました。

Q. カフェのコンセプトやターゲットは？

古い建物を大切にリノベーションする文化に共感し、デンマークの世界観をコンセプトにしました。業態テーマは、デンマークの郷土料理であるオープンサンド「スモーブロー」。メインターゲットは、20～40代の近所の働く女性、近隣のママ友達、夫婦、そして他府県からの観光客です。

Q. 内装、外装、厨房等のこだわりは？

土佐堀川を望む2階に位置し、すべての座席を窓際の居心地のよい席にすべく、キッチンを中央にレイアウト。ライブ感のあるセンターキッチンは本棚に見立て、かつての書架の記憶を継承するデザインに。ナチュラルな素材感をベースに、銅製のラジエーターヒーターや北欧のブルー色をプラスし、クラシックな建物の空気感を最大限に活かしながら、新たな歴史の創出を試みました。

Q. メニューのこだわりは？

「farm to table」をテーマに、全国から信頼のおける生産者の食材を集め、健康的でシーズナルなロー

カルフードを提供しています。ケミカルなものは使わず手づくりにこだわり、価値と価格のバランスを大切にしたメニューづくりを心がけています。メニュー開発には苦労しましたが、調理が比較的簡単な設備でできるスモーブローを思いつきました。当時、専門店が日本になかったのと、自社のベーカリーでオリジナルのスモーブロー用パンを製造できることも強みでした。北欧のコンセプトと日本の素材のバランスを重視しています。人気のパフェは、季節の素材を活かして独自のスタイルを確立させています。

Q. カフェオーナーとしての悩みとは？

経営者は毎日が判断の連続。日々問題は起こりますが、解決できないことを考えても仕方がないので、そういう意味では仕事の悩みはありません。常に肯定的な解釈をし、自分が解決できることに焦点を当てています。判断に困った時は、スタッフや信頼できる人の意見を聞いたうえで、目先の損得ではなく、長期的・客観的な視点から最善だと思える選択をするように心がけています。

Q. お客様に長く愛されるカフェにするためには？

正直、お洒落なカフェをつくるだけなら簡単です。愛されるお店を継続するには、まずは信頼されるお店であることが大前提で、それにはオーナー自身の在り方や考え方が大事です。自分の好き嫌いではなく本質を追求し、お客様にとって価値があるお店かどうかを客観視することです。子どもを育てるように、日々の営業を通して毎日愛情を注ぎ続けることで、魅力的なカフェへと成長していきます。

Q. あなたにとってのカフェとは？

私にとってカフェとは、生活になくてはならない存在。家の近所や旅先でも、まず魅力的なカフェを探します。お気に入りのカフェが1軒あるだけで幸せな気分になり、その街が好きになります。そして、おいしい食べ物や飲み物は、手っ取り早く人を幸せにできる場所だと信じています。カフェづくりは街づくり。魅力的なカフェの経営は、社会に必要とされる社会貢献だと考えています。

【店舗データ】

・店舗名
　Smørrebrød KITCHEN 中之島
・URL
https://www.smorrebrod-kitchen.com/
・開業日　2016年4月1日
・開業までの期間　約1年
・開業資金　非公開
・店舗規模　約40坪　約45席
・1日平均客数
　平日80人　土日祝日150人
・1日の売上目標　15万円
・営業時間　9：00～20：00
・定休日　不定休

長く愛される
カフェオーナー

Interview ❷

「甜蜜蜜（tim ma ma）」オーナー

舩原かな子さん

有限会社セルフ 取締役社長。大学卒業後、設計事務所で勤務したのち、若くしてIT関連会社を起業。同時に香港映画にのめり込んだことをきっかけに、2001年に神戸で香港スイーツカフェ「甜蜜蜜」を妹と2人でOPENし、現在「香港甜品店 甜蜜蜜」「Hong Kong Hot Pot Cafe 甜蜜蜜」のカフェ2店舗と「薬膳食材 甜蜜蜜」「神戸粥 甜蜜蜜」の物販・ネットショップを経営。

Q. カフェを開業しようと思った理由は？

香港映画にハマり、香港へ行ったときに「香港人は美容と健康のためにスイーツを食べる」ということに衝撃を受け、それを日本でも伝えたいと思ったのがきっかけです。

Q. 開業するまでに苦労したことは？

お金がないので、内装工事、家具づくりはすべて自分たちで行ないました。妹と2人でつなぎを着て、頭にタオルを巻き、ホームセンターに通い、軽トラを借りて木材を運んでいたのがいい思い出です。内装工事がわからないことだらけで何度もつまずきましたが、そのときは知り合いやホームセンターの人に聞いて解決しました。

Q. 経営が軌道に乗るまでの期間や工夫は？

軌道に乗るまで6カ月かかりました。最初はスイーツとお茶のみのメニューだったので、途中でランチをスタート。それから徐々にお客様が増え、雑誌掲載やクチコミで少しずつ広がっていきました。

Q. カフェのコンセプトやターゲットは？

「食べてキレイになる」――香港のおいしい食文化や空間を通じて、元気で美しい女性をあふれさせることをコンセプトにしています。

20～40代の女性をターゲットとしていて、夜に女性1人でも入りやすく、どの時間帯でも食事、ドリンク、スイーツが食べられるようなメニュー構成になっています。

Q. 内装、外装、厨房等のこだわりは？

内装は自分が大好きな香港映画の世界観を反映させています。各店舗ごとに映画を決めているので、少しずつ違う雰囲気を持たせています。さらに食べ物、食器、空間、音楽で一つの世界観をつくり、香港映画の世界に迷い

込んだような錯覚をお客さまに感じてもらえるようにしています。

Q. メニューのこだわりは？

メニューで提供したいものはたくさんあるのですが、それらが「今の時代のニーズに合っているか」というのを必ず意識するようにしています。「香港のメニュー」というのはオープン以来変わっていませんが、時代に合わせてさまざまな変化をさせてきています。

Q. カフェオーナーとしての悩みとは？

カフェオーナーに限らず、経営者に共通する、人・お金の悩みは人並みに経験してきました。今後は、どのような形で自分が築いてきたものを世の中に広めていくか、どこまでをゴールとするのかということなど、常に方向性の決断を迫られるのが悩みでもあり、楽しみでもあります。

Q. お客様に長く愛されるカフェにするためには？

自分のこだわりと想いを、押しつけない程度に伝えること。特に私のお店では、誰も知らないメニューをたくさん扱っていたので、よさをわかってもらうにはどうすればよいかを考えた結果、当時はブログを頻繁に更新し、イベントもたくさん開催しました。なかでも、中国茶試飲会ではお客様との距離も縮まり、今でもずっと通ってくださるお客様がたくさんいらっしゃいます。

Q. あなたにとってのカフェとは？

夢と希望を与えてくれる場所。カフェはこうでなければいけないという型が決まっていないので、自分の好きなようにすべてアレンジできるのが一番の魅力です。

【店舗データ】

・店舗名
香港スイーツカフェ 甜蜜蜜
・URL　http://tim-ma-ma.com/
・開業日　2001年7月7日
・開業までの期間　6カ月
・開業資金　物件取得費：200万円
内装費：100万円
備品・什器：70万円
仕入れ：30万円
運転資金：100万円
・店舗規模（坪数と席数）
4坪、12席
・1日平均客数　40人
・1日の売上目標　4万円
・営業時間　11：30～22：00
・定休日　なし

※第1号店のデータです（現在は拡張移転）

長く愛される
カフェオーナー
Interview
3

「玄米＆やさい食堂」オーナー

高根三枝さん

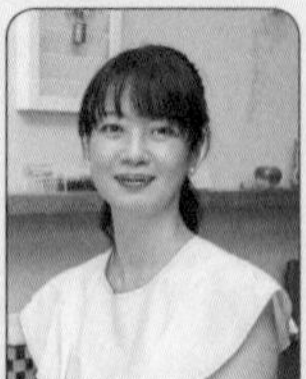

株式会社サニーブランチカンパニー 代表取締役。自身の闘病経験から、「食こそが健やかな身体をつくる」ことを体感。大学卒業後、旅行会社の会社員を経て、健康をコンセプトにした食堂・カフェを大阪市内で5店舗展開。顧客の8割、スタッフの9割以上が女性の店舗運営の他、給食事業やケータリング事業も行なう。

Q. カフェを開業しようと思った理由は？

19歳のときの闘病生活を通じて、食の大切さを体感しました。会社員時代は忙しい職場で昼・夜ほぼ外食の中、安心して通えるお店が周囲にほとんどなく、毎日の食事がとてもストレスでした。30代を前にして、自分のような女性が1人でも安心して通えるようなお店をつくろうと、思いきって開業しました。

Q. 開業するまでに苦労したことは？

物件が決まってから2週間でオープンするというタイトなスケジューリングで、前職の友人やスタッフたちに助けられながら準備しました。オープン前3日間は家に帰れず、お風呂はお店の2層シンクでしたが（笑）、期待と希望で胸がいっぱいでした。

Q. 経営が軌道に乗るまでの期間や工夫は？

自分の食べたいもの＝出したいもののこだわりが強すぎて、お客様がどんなものを欲していらっしゃるかを理解し、提供できるようになるまでの1年半は毎月赤字でした。当時はスマホ等も普及しておらず、お客様一人ひとりに喜んでお帰りいただけるよう工夫していく中で、常連のお客様が少しずつ増えていきました。そんな中、世の健康ブームに伴い、雑誌やTVなどでご紹介いただけるようになりました。

Q. カフェのコンセプトやターゲットは？

「本日もみなさまが健康でありますように」というコンセプトのもと、20代から50代までの健康志向の会社員をターゲットとしています。

Q. 内装、外装、厨房等のこだわりは？

内装は、店内はウッドを使用し、ナチュラルな雰囲気。おひとり様でも安心してご来店いただけるよう3分の1はカウンター席。通路幅を60cm以上取って動線の

よさを重視。外装は、何の店かはっきりわかる店前づくりを心がけました。吸排気に気をつけ、排水やグリーストラップ等の汚臭がしないようにしています。

Q. メニューのこだわりは？

飲食店の魅力の7割はメニューです。当店の看板メニューは日替わりの「39品目の健康定食」。個食が増えている中、自宅でつくるより健康的な食事を召し上がっていただけるよう、常連のお客様に毎日でも飽きずにお越しいただけるようメニュー開発に力を注いでいます。少量多品目の産地直送の有機野菜や玄米を使用し、管理栄養士がメニューを監修し3大栄養素やカロリー計算を実施。ベジタリアンやアレルギー食の対応も可能で、おいしく健康的でストイックすぎないメニュー開発を心がけています。

Q. カフェオーナーとしての悩みとは？

集客できないあまり、いろんな人のいろんなアドバイスを受け入れすぎて、何の店かわからなくなってしまいがち。私の場合、自店のコンセプトを見失わないようにしながら、他の飲食業態も含めた繁盛店を視察・研究するようにしています。

Q. お客様に長く愛されるカフェにするためには？

一度来てくださったお客様に何度も来ていただけるようなメニュー・サービス・雰囲気づくりを常にブラッシュアップできるよう努めています。また、スタッフ皆が長く安心して働ける労務環境や福利厚生を考え続けることが大切なことだと思っています。

Q. あなたにとってのカフェとは？

街に必要とされるもの。必要とされ続けるため、常に進化し続けないといけない場所。

お店はよくも悪くも経営する人間そのものを体現しています。私もまだまだ未熟である分、お店の伸びしろもまだまだあると思っています。これからも皆様の健康の一助となれるようなお店づくりに努めていきたいです！

【店舗データ】

・店舗名
玄三庵 西梅田店
・URL
http://www.genmian.lunch-box.jp/
・開業日　2006年5月7日
・開業までの期間　1年半
・開業資金　600万円
・店舗規模　28坪
・1日平均客数　300人
・1日の売上目標　35万円
・営業時間　11：30～21：00
・定休日　日曜日

長く愛される
カフェオーナー
Interview
4

「Mamezo&Café Dew 阪急山田店」
オーナー

東海林健太郎さん

株式会社アップターン代表取締役。業務系IT企業にて製造業を中心に業務改善活動に取り組んだ後、独立し飲食店の経営に乗り出す。現在、関西で4店舗の飲食店経営を行なう傍ら、セミナーやコンサルティングを通じて、のべ1万店以上に店舗の数値管理、改善活動、人材育成、店舗展開等のノウハウを指導。

Q. カフェを開業しようと思った理由は？

飲食店のチェーン展開を行なう際の本部構築の資料づくりをお手伝いする中で、変化のスピードが速い飲食・喫茶業界の検証をするため、お店を開業しました。

Q. 開業するまでに苦労したことは？

開業費用は、想いを形にしていく段階ではどんどん膨れ上がっていきます。1号店をオープンしたときは赤字スタートで、運転資金も持ち合わせていなかったため、翌月赤字を出すと即倒産という状況からはじまりました。徹底的に目の前のお客様、ご近所に絞った販促を行ない、翌月に損益分岐点まで売上を伸ばすことができ、首の皮一枚がやっとつながったような状態からのスタートでした。

Q. 経営が軌道に乗るまでの期間や工夫は？

3カ月目から、ようやく軌道に乗りました。目の前にいるお客様に近づき、再来店につなげる仕組みと変化をつけて、それをしっかり伝える努力を怠らないようにしました。お店の数が飽和状態の現在、こちらから積極的に動かない限り、お客様はいろんなお店に浮気していきます。足元商圏へのアプローチも大事です。ご近所の方に気に入っていただけると、利用頻度の高い常連様となります。とにかく、失敗のほうが多いのですから、恐れずにやり続けていくことです。

Q. カフェのコンセプトやターゲットは？

コンセプトは、「お客さまの笑顔を創造し、お客さまの記憶に残る店づくり」。幼児連れを中心とした団塊ジュニア世代がターゲットで、幼児でも安心して口にできる食事、幼児を寝かしておける個室を完備し、ゆっくりとくつろいでいただける空間を提供しています。

Q. 内装、外装、厨房等のこだわりは？

ガタガタと揺れない広い机と椅子、大きな梁や、木、漆喰、玉砂利風の床で仕上げられた古民家調の空間がこだわりです。スタッフの動線を意識した厨房も工夫を凝らしています。

Q. メニューのこだわりは？

幼児でも安心して食べられる豆腐、湯葉、豆、豆乳を中心とした食事やスイーツ、出汁から取るお味噌汁。ご飯は、全国に埋もれているおいしいお米と発芽玄米から選べます。水や牛乳にこだわったスイーツもご好評いただいています。ネットで検索すると、レシピが大量に出てくる時代。今や、「おいしい」は当たり前の最低基準です。それを超えるものをつくるのが、プロとしての仕事だと思います。

Q. カフェオーナーとしての悩みとは？

頭でっかちで行動してしまうこと。行動が止まると、経営も止まります。間違ってもいいので、素早い判断と行動を目指しています。

10割バッターがいないように、すべてがうまくいく経営者もいません。失敗が多いほど、お客様の行動が見えてきます。

Q. お客様に長く愛されるカフェにするためには？

気兼ねなく、1人でも利用できる「安心感」のつくり込みを徹底すること。

また、店舗は1人では回りません。スタッフにも同じ想いを持って働いてもらうことを大事にしています。

Q. あなたにとってのカフェとは？

一次産業の野菜、畜産、魚介の食材知識を必要として、それを加工する二次産業、そして提供を行なうサービスの三次産業、その料理のおいしさを情報として伝える四次産業。この一次産業から四次産業までを、一店舗の中で表現できるのはカフェや飲食店だけです。お店は、表現者の想いと、お客様の想いによってつくられ、発展していきます。

【店舗データ】

- 店舗名
  Mamezo&Café Dew 阪急山田店
- URL　http://www.mamezo.co.jp/
- 開業日　2014 年 5 月
- 開業までの期間　12 カ月
- 開業資金　商業施設内出店のため非公開
- 店舗規模　35.45 坪　50 席
- 1 日平均客数　150 人
- 1 日の売上目標　17 万 4,000 円
- 営業時間　10：00 ～ 21：00
- 定休日　年始のみ

長く愛される
カフェオーナー
Interview
5

松尾敏正さん

「Nostalgie Café ろまん亭」オーナー

大阪の居酒屋ペンギンバー、株式会社バルニバービなど飲食店の会社勤めをした後、2016年、岡山に移住してカフェを開業。一日15時間の仕事で家族との時間が取れないというジレンマが解消し、自由なことができるようになった。現在は宿泊業や貸し別荘の経営等にも携わる。

Q. カフェを開業しようと思った理由は？

前任の方がご高齢で後継者に悩まれていたため、引き継ぎました。業務継業条件も比較的交渉しやすかったです。

Q. 開業するまでに苦労したことは？

岡山の田舎町での開業で、仕入れたい食材のルートに苦戦しました。また、大型のテーブルの設置時、入口に入らず、一度分解して搬入をするなどのハプニングも。開業が真冬だったため、雪が積もるなど自然との戦いもありました。

Q. 経営が軌道に乗るまでの期間や工夫は？

開業月から、一度も赤字になったことがありません。3カ月目で利益が目標値を大きくクリア。工夫としては、車で2時間圏内のターゲット層に絞ってSNSで広告を打ったところ、地産のカフェオープンということで、地元新聞社に取り上げていただけました。

Q. カフェのコンセプトやターゲットは？

地産の食材を使用して、地方の活性化とアンテナショップとしてのカフェ、「溜まり場」の要素を持ったプライベートカフェがコンセプト。平日は地元の女性客やファミリー、週末は観光客で20～40代の女性を対象にしています。ランチメニューが中心で、野菜を豊富に構成。デザートもスモールポーションなどレパートリーを重視。ソファー席などもあり、お子様連れも過ごしやすいように工夫しています。

Q. 内装、外装、厨房等のこだわりは？

居抜き物件で築１４０年の歴史ある趣が魅力的です。厨房区画が完成していたため、初期費用を抑えることができました。街並みの雰囲気に合わせ、ジャズを聴きながらゆったりと過ごせる空間づくりをコンセプトに置いています。内装としては、北欧風のカフェをイメージし、外装は昔ながらの洋館テイストを活かしています。お店の前のガーデンをヨーロピアンスタイルで仕上げ、インスタ映えポイン

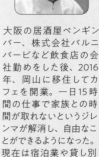

トにしています。

Q. メニューのこだわりは？

岡山産の商品でラインナップ。地元の生産者との連携を強めて、「食」で岡山の魅力を発信しています。季節感のある食材を取り入れて、「今」を楽しめるようにアレンジ、毎月変わる月替りパスタなど常連さんも来やすいメニューにしています。

Q. カフェオーナーとしての悩みとは？

経営判断に悩んだときは、「お客様がどう思うのか？」ということを一番大事にし、お客様が笑顔になれる最善策を考えています。売上目標を立てるときには、ミニマムとマックスを考えるべきです。損益分岐点のラインで収支を考えると、利益が出ても広がりに限界があるからです。

Q. お客様に長く愛されるカフェにするためには？

定期的に夜カフェをオープンして、多くの人と同じ目線で語らうイベントを実施しています。「売上は追わず、喜びを追う」というコンセプトで、楽しく営業することを心がけています。あまりストレスを溜めず、無理なく営業できるスタイルが大事だと思っています。

Q. あなたにとってのカフェとは？

自らが「なりわい」として自信を持てる職業であり、様々な仕事の原点。人々が集う「場所」の提供ができることが強みです。人が集まれば話題も集まり、「つながり」ができて「にぎわい」ができます。

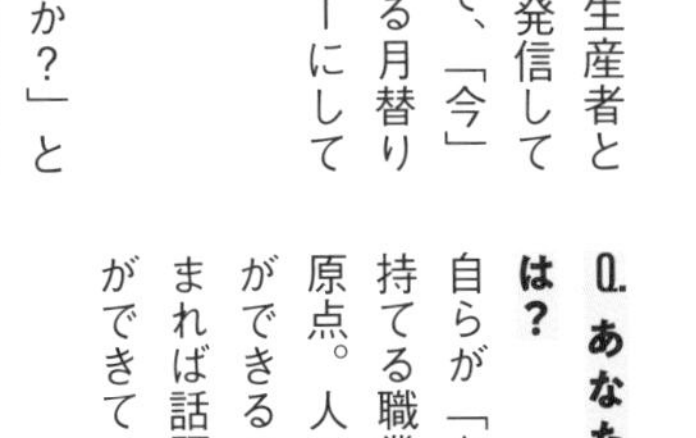

【店舗データ】

・店舗名
Nostalgie Café ろまん亭
・URL
https://i-maniwa.com/area/roman/
・開業日　2016年2月12日
・開業までの期間　2カ月
・開業資金　居抜き状態で「うどん屋」をリノベーションしてカフェとしてオープン
内装費130万円
備品・什器50万円
運転資金50万円
・店舗規模（坪数と席数）
28坪　24席
・1日平均客数　44人
・1日の売上目標　5万円
・営業時間　11：00～15：00
・定休日　月・金曜日

長く愛される
カフェオーナー

Interview

6

「TAOCA COFFEE」オーナー

田岡英之さん

株式会社TAOCA COFFEE代表。株式会社ドトールコーヒーにて、業態開発や生産管理（主に焙煎）に従事したのち、2014年6月にTAOCA COFFEEを創業。2014年より現在まで、ジャパンバリスタチャンピオンシップの認定審査員を務める。

Q. カフェを開業しようと思った理由は？

20歳くらいから、ずっと独立願望がありました。

Q. 開業するまでに苦労したことは？

お金の工面などは当たり前に苦労しますが、すべての選択、決断が自分にのしかかる部分が想像以上にしんどかった覚えがあります。しかし、パワーと気持ちさえあれば乗り切れると思います。出合いの大切さと周りの人への感謝、1人では何もできないなと改めて感じました。

Q. 経営が軌道に乗るまでの期間や工夫は？

いまだに「軌道」というものは見えません。単月で黒字に転換したのは6カ月後でしたが、通年で黒字になるには1年かかりました。

開業当時は「Facebook」が全盛でしたので、Instagramとあわせて SNSを強化しました。その他は、近隣へのポスティングを行ないました。

Q. カフェのコンセプトやターゲットは？

スペシャルティコーヒーを広めることをコンセプトにしています。「バリスタを職業に」を掲げ、コーヒーの価値を高め、産地も消費国の我々も薄利多売から脱却することを目指しています。カフェ経営はせず、焙煎・コーヒー豆小売に特化。地域に根ざし、生活の一部になることで事業の安定を図っています。

メインターゲットは、コーヒーをご自宅で飲む世代、30～50代のファミリー層です。

Q. 内装、外装、厨房等のこだわりは？

男女どちらも好むデザインを心がけています。気軽に入っていただけるようにカジュアルな店舗デザインで、コーヒーの試飲を提供しています。その他、厨房設計は動線が重要だと考えています。

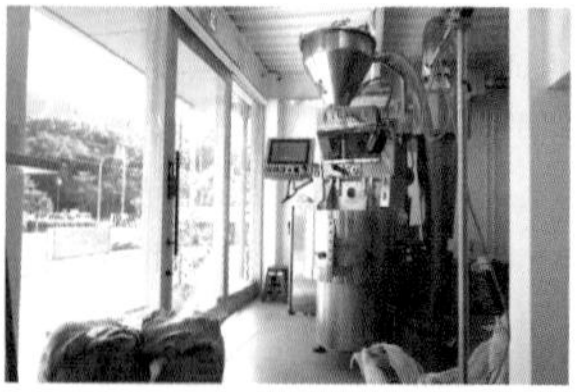

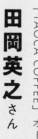

何よりこだわっているのは、接客（人）です。今はおいしいのは当たり前の時代。人で差別化を図ることが重要だと感じています。

Q. メニューのこだわりは？

ドリンクはクチコミを広める重要な商品なので、できる限り安く、そしておいしく。商品単価はエスプレッソ250円、ホットコーヒー330円、カフェラテ380円などです。

お客様がご自宅で再現できるレシピや、コーヒーを主体として、副材料とのシナジーを感じることができるメニュー構成となっています。

Q. カフェオーナーとしての悩みとは？

オーナーは、自分で会社や人生の選択・決断ができたり、売上が上がれば収入が上がる一方、常に地獄と背中合わせです。決断を間違うと、収入もなくなってしまいます。プレッシャーに勝てるマインドが大事です。

仕事もプライベートもなくなり、家族旅行中であっても、常に売上やメールのチェックを行なっていますし、お取引先様から電話が頻繁にかかってきます。オーナーは1人で何役もこなさなくてはいけませんので、仕方ないですね。

Q. お客様に長く愛されるカフェにするためには？

目先の利益ではなく、長く続けることを意識すること。そして、地域とお客様を愛すること。

さらに、スタッフ一人ひとりにその気持ちをつなげていくことが大切です。自身だけでなく、スタッフも愛されるように仕向けていかなくてはいけないと思います。

Q. あなたにとってのカフェとは？

人と人をつなげる場所。

【店舗データ】

・店舗名
TAOCA COFFEE
・URL　https://taocacoffee.jp/
・開業日　2014年6月4日
・開業までの期間　開業の5年前から事業計画を練っていました。
・開業資金
物件取得：50万円　内装費：400万円　機器類：500万円　WEB、その他デザイン：100万円
仕入れ：50万円　運転資金：200万円
・店舗規模　15坪　4席
・1日平均客数　70名
・1日の売上目標　10万円
・営業時間　10：00～19：00
・定休日　なし（年始）

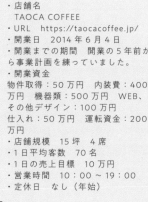

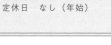

長く愛されるカフェオーナー

Interview 7

「いしころカフェ」オーナー

山下さとこさん

フレンチレストラン、イタリアンレストラン、珈琲企業の直営喫茶店などでの勤務を経て、2010年に神戸岡本にて「いしころカフェ」を開店。子供が生まれたことを機に、姫路に居所を移し、2019年に自宅兼カフェとして再オープン。

Q. 開業するまでに苦労したことは？

7月頭に退職し、8月末には物件を契約、11月半ばにオープンという勢いまかせの開業で、準備がとにかく大変でした。何も準備していない状態からのオープンでしたので、あらかじめ余裕を持って購入するものや業者などの選定ができていたら、もっとずっと楽だっただろうなと思います。

Q. カフェのコンセプトやターゲットは？

「本当によいものをさりげなく」をコンセプトに、手づくりで安心安全なもの、良質なものを提供することを心がけています。「いしころカフェ」の名前の由来は、「道端のいしころのようにさりげなく、でもなんだかほっと和む」というもので、主張しすぎず、さりげなく、居心地のよい空間、時間を目指しています。メインターゲットの健康志向の主婦層に喜ばれるよう、手づくりで野菜をたっぷりと使用した定食メニューを売りにしています。

Q. メニューのこだわりは？

「いしころカフェ」の名前のとおり、木や漆喰などを用いたナチュラルな素材にこだわっています。厨房は、接客と調理を1人でも回せるよう、動線を考えたつくりに。1人でのオペレーションでは仕込みが重要なため、冷凍庫や冷蔵庫は大きめを用意したり、作業台になるタイプを用いたりして、狭い空間を広く使えるように工夫しています。ランチメニューは週替わりですが、毎日ご来店の常連のお客様もおり、2種から選べるようにしています。バランスよくお召し上がりいただけるよう、旬の野菜や乾物などをふんだんに使い、化学調味料を用いず手作りにこだわっています。一人で料理から事務仕事をこなしており、家事育児もあるので、メニューは「仕込みがしやすいもの」「提供に時間がかからないもの」などで工夫しています。

Q. お客様に長く愛されるカフェにするためには？

お客様が何を求めておられるのかを感じ取ること。内装、BGM、温度、店員との距離感、お客様同士の距離感、タイミング、清潔感……そういったものすべてを含めて、居心地のよい空間をつくることだと思います。

【店舗データ】
- 店舗名
  いしころカフェ
- URL　https://1456cafe.com/
- 開業日　2010年11月19日
  ／2019年4月閉店（神戸岡本店）、
  2019年10月1日再オープン（姫路店）
- 開業までの期間　4カ月（神戸岡本店）
- 開業資金　非公開（姫路店）
- 店舗規模　12坪13席（姫路店）
- 1日平均客数　水木金のみ営業25人（姫路店）
- 1日の売上目標　3万5000円（姫路店）

長く愛される
カフェオーナー
Interview
8

「無農薬玄米カレーコブカフェ」オーナー
小藪貴士さん

株式会社KOV代表取締役社長。2010年、キッチンカーを購入し、「コブカフェ」をスタート。最初は売上がゼロの日もあったが、メニューや看板など改善を重ね、今ではキッチンカー3台を所有。全国のフェスなどにも出店し、一日で100万円の売上を上げることも。

Q. 開業するまでに苦労したことは？

開店当時、キッチンカーはまだまだメジャーではなかったので、どこから手をつけたらいいのかわかりませんでした。初めてのキッチンカーで、何度も保健所に通ってやっと許可が取れたのですが、最初はあまりに売れずに、半年くらいでキッチンカー事業はやめてしまいました。その後、会社員をやったり、リアル店舗の飲食店をやったりしましたが、やはりキッチンカーをやりたいと本腰を入れてやりはじめ、4年後にやっと軌道に乗りました。改善策のひとつとして、料理の写真が下手すぎたので撮り直し、看板を大きくつくり直したのはかなり効果がありました。

Q. カフェのコンセプトやターゲットは？

「おいしく安全安心に」をコンセプトに、30～40代の家族連れや女性をターゲットにしています。多少価格が高くても、体によくて、おいしいものを求めているお客様です。

Q. メニューのこだわりは？

他の店では真似できないような手間をかけて、おいしくすること。パッと見て、何を売ってるのか、何が売りなのかがわかるようにすること。コブカフェの場合だと、「何を売ってるのか→カレー」「何が売りなのか→無農薬玄米を使っていて、体によい食材を使ってるんだな」ということがわかるよう、アピールしています。

Q. お客様に長く愛されるカフェにするためには？

嘘をつかないことです。料理をつくっていると、多少失敗することがあると思います。いつもの味を100点だとしたら、60点くらいの味になってしまった。これをお客様に出してしまうかどうかです。それが初めてお店に来たお客様なら、「こんなもんか」と思って二度と来ないかもしれない。そういう不義理をしないことです。それでは、80点なら、90点なら……？　そのライン引きに、店のこだわりを出していきたいです。

【店舗データ】

・店舗名
　無農薬玄米カレーコブカフェ
・URL　https://kovcafe.com/
・開業日　2010年4月
・開業までの期間　3カ月
・開業資金　50万円
・1日平均客数　50～1,000人
・1日の売上目標　10万～100万円

カフェの魅力とチカラ

→ **カフェを愛すること。**

カフェの持つチカラを信じることがはじまりです。

→ **カフェは心から楽しむもの。**

そこにいることで幸せがあふれます。

→ **お客様との出会いの数だけ。**

カフェオーナーは人生を何度も楽しめます。

→ **おいしいだけではない。**

長く続くカフェは地域に愛されています。

→ **人と街をつなぐコミュニティ。**

カフェはいろんな機能を持つ唯一無二の存在です。

→ **すべての産業に感謝の心を忘れない。**

カフェはみんなの愛でできています。

はじめに　――カフェとともに生きる

この本を手に取ってくださった読者の皆様、誠にありがとうございます。大阪・梅田のカフェ開業専門スクール「カフェズライフ」の野田と申します。

ゆくゆくはカフェを開業してみたい、自分の好きな空間をつくりたい、コーヒーにこだわったカフェを開業したい……皆さん、いろいろな想いをお持ちだと思います。一方で、どうすればカフェを開業できるのだろうか？　何から準備すればいいのだろうか？　そんな不安もお持ちのことでしょう。

本書は、人気カフェオーナーが講師を務める実際の授業をもとにつくりました。カフェズライフの講師や関係オーナーのカフェなど、100店舗を超えるカフェのリアルな開業・経営ノウハウを1冊に凝縮。皆さんのカフェ開業の教科書、そして、カフェオーナーとして自立した後にもカフェ運営の教科書として、お役に立てると思います。

本書は、「個人カフェのチカラで日本を一緒に元気にしよう」、そんな想いが込められています。

皆さんが想像している以上に、個人カフェは魅力や可能性を秘めています。私が、カフェズライフを設立した想いや、皆さんとともに実現していきたい未来について、少しお話しさせてください。

これからの日本は、世界的に見ても類のない厳しい未来が待っています。人口減と高齢化の社会に確実に向かっていきます。現在1億2600万人の人口も、2030年には、1億1522万人、2050年には、9515万人と、30年で3000万人の人口減が予測されています。現在から25％の人口減少です。

その中で、テクノロジーは進み、移動手段も進歩します。国の面積が変わらないことを想定すると、土地の値段も下がり、二拠点生活や、週末移動など生活スタイルも変化します。過疎化が進む地域も、さらに顕在化していきます。

そんな未来に、個人カフェが果たす役割は大きい。私たちは、そう考えています。テクノロジーが進む反面、デジタルではないリアルに人とつながる場所や、地域のハブになる場所が今より必要となってくるはずなのです。

人がつながる場所。コミュニティとして、地域の役に立てる場所。そんな場所こそ、カフェなのだと思います。

カフェだからこそ、もっと自由な発想で、地域や街に愛される場所になれるはずです。そんな愛される個人カフェがたくさん生まれ、地元の人とつながっていくことで、日本の地域創生にも貢献できる。そんなことをカフェが叶えてくれると信じています。

日本の社会経済環境も、変化の時を迎えています。大企業サラリーマン中心の経済活動から、個の時代に動いてきています。これからはもっと自由な働き方で、自立した生き方がますます求められてくるでしょう。

「カフェオーナーになりたい」と誰かに相談しても、今までは反対されることも多かったかもしれません。ですが、これからは、自立した、精神的な豊かさを持った生き方が実現しやすい環境になるのです。

もっと自由な働き方で、自分らしい生き方のオーナーがはじめる、誰かの基準ではない「自分サイズ」のカフェ。そこには、あたたかい空気が流れて、地域に愛される場所になることでしょう。

そんなカフェオーナーが、本書を通じて、1人でも増えること、そして、皆様と一緒に、カフェのある暮らしや社会を実現できますことを楽しみにしております。さあ、「自分サイズのカフェ」をスタートしましょう！

カフェズライフ　野田貴之

CONTENTS

『はじめよう！ 自分サイズのカフェ』目次

Chapter 1

自分サイズのカフェをはじめよう

街に、人に、長く愛される！

CONTENTS

Chapter 2

自分らしさを詰め込む！「MYカフェコンセプト」のつくり方

CONTENTS

Chapter 3

最低限知っておきたい!

カフェ開業の基礎知識

Chapter 4

長く続ける!

カフェ開業・運営のお金の基本

CONTENTS

CONTENTS

Chapter 5

MYカフェコンセプトが活きる！ 事業計画書のつくり方

Chapter 6

あなたのカフェをカタチにする！ 物件・設備の選び方

CONTENTS

Chapter 7

愛されるカフェの秘密！メニューづくりの法則

CONTENTS

Chapter 8

小さなカフェの集客・販促

お客様がサポーターになってくれる！

Chapter 9

チャンスが広がる！
地方でカフェを開業する魅力

CONTENTS

Chapter 10

飲食以外のアイデアをプラス！あなただけのカフェの魅力づくり

編集協力
西脇 聖（株式会社 AN FACTORY）、内山真紀

イラスト
山﨑美帆

カバーデザイン
高橋明香（おかっぱ製作所）

本文デザイン・DTP
池田香奈子

※本書の内容は 2020 年 9 月現在のものです。最新の情報については、各自でご確認ください。

Chapter

1

街に、人に、長く愛される！

自分サイズのカフェをはじめよう

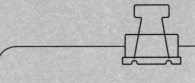

Lesson

1

今、求められているのは個人経営のこだわりカフェ

喫茶店からはじまった日本のカフェ文化

あなたは、どんなカフェをオープンしたくて、本書を手に取ってくださったのでしょうか。

日本のカフェ文化は、喫茶店からはじまりました。戦後は「ジャズ喫茶」や「ゲーム喫茶」など、娯楽がメインのお店でしたが、1970年代に入り、「珈琲館」や「カフェコロラド」といった気軽にコーヒーが楽しめるカフェが増え、1962年創業のドトールコーヒーは、日本にカフェ文化を定着させる立役者となりました。

その後、1996年に日本に進出したアメリカのコーヒーチェーン「スターバックスコーヒー」が、わずか10年で業界最大手に。現在も、日本には新たなコーヒーチェーンが続々と登場しています。

今は個人経営のカフェがトレンド

大手チェーンが拡大する中で、こだわりがない個人店はどんどん閉店に追い込まれていきました。その一方で、スターバックスの進出とともに起こった第2次カフェブームによって、こだわりを持つ個人カフェが増えていきます。同時に、カフェオーナーという職業も認知されるようになりました。サラリーマンの全国平均年収が422万円であるのに対して、カフェオーナーの平均年収は8割弱の326万円です。それでもカフェオーナーになりたいという人は増えており、カフェ経営は、それだけ魅力を感じるビジネスだということだと思います。

最近は自家焙煎など、こだわりの「スペシャルティコーヒー」と「ファッション」が融合したスタイルのカフェが進化を続けており、新たなトレンドを生み出しています。今後も、カフェの自由度が増し、今までにないスタイルのこだわりカフェが登場していくことでしょう。

日本のカフェ文化

1970年代

カフェ文化の定着

戦後

娯楽がメイン

現在

こだわりの個人店がトレンド

1990年代

アメリカのコーヒー
チェーンの進出

POINT

今、求められているのは
「コーヒー１杯」のためだけではない付加価値。
地域の人々の生活との密着、ライフスタイルの提案……
ここにしかない「何か」を提供できるカフェを目指しましょう。

Lesson

2

カフェの持つチカラ

カフェが愛される理由とは？

カフェは、通常の飲食店とは違った魅力であふれています。コーヒーのおいしいカフェ、落ち着ける空間のカフェ、1人でも癒されるカフェ、仲間や大事な人と一緒に行きたいカフェなど、スタイルはさまざまですが、1軒も同じお店はなく、それぞれの魅力があります。では、カフェが持つチカラとは、いったい何でしょうか。

お客様は、カフェにいる「時間」に価値を感じています。慌ただしく落ち着けない現代において、時間に価値を見出すことができる、貴重で大切な場所となっていることが、カフェが愛される理由です。

カフェには「地域やその場所に、コミュニティをつくるチカラ」があります。インターネットやさまざまなサービスが進化する今、リアルなコミュニティの価値も見直されてきており、人と人とのつながりをつくるチカラを持つ場として、カフェが注目されているのです。

人と人がつながる場所

通常の飲食店では、食べ物や商品に「対価」を支払います。コストパフォーマンスがよかったり、おいしいものを提供できるお店など、お客様がリピートしようと思う理由はさまざまです。

多くの飲食店の場合、お店とお客様という関係しか存在しないことが通常です。一方、カフェは、「お客様同士でつながる」「イベントを開催する」など、新しい出会いを生んだり、同じ趣味を持つ仲間・友人との、コミュニティをつくるチカラを持っています。少子高齢化が進む中で、「街や地域の中で、人と人がつながる場所」の重要性はさらに増し、その役割を担う場として、カフェはますます必要とされていくでしょう。

カフェは人と人がつながる場所

POINT

カフェは、地域の中で、
人と人とのつながりをつくる場所。

Lesson

3

あなたの生きがい＝カフェのコンセプト

カフェオーナーとして生きていく

自分サイズのカフェを開業し、さらに長く続けていくためには、とても大切なことがあります。

それは、「カフェとともに生きる」こと。あなたの人生とカフェが寄り添いながら生きていくことが、愛されるカフェを長く続ける秘訣です。

もちろん、お金のことも大事ですが、「あなたの生きがい」と「カフェのコンセプト」がリンクしていることが、カフェ開業を成功させる一番のポイントです。カフェは、オーナーが10人いたら、10人10色でいいのです。

しっかり準備すれば、カフェ開業は成功する！

あなたはなぜ、カフェをはじめようと思ったのでしょうか。カフェが好きだから？　手軽にはじめられそうだから？

カフェを開業して、長く続けようと思ったら、創業動機だけではなく、あなたの生きがいも見つけることが大事です。

あなたの生きがいは、何でしょうか？

生きがいとは、物理的な満足感ではなく、本当に楽しくて心が満たされる、「心理的な豊かさや幸せ」を感じられることだと思います。

普段は、忙しく働いたり、家事をしたり、学校に行ったり……、自分が楽しく豊かになれることに時間を使うのは、なかなか難しいですよね。

でも、これから開業しようと思っているカフェのコンセプトと、自分の生きがい（ライフコンセプト）がリンクしたら、お店を運営しながら毎日幸せを感じ続けられるでしょう。

今、具体的に言葉にできなくても大丈夫。本書では、自分が夢中になれることや大好きな趣味などから、カフェコンセプトを見つける方法を教えます。

ライフコンセプト＝カフェコンセプト

好きなことは？

どんなカフェをやりたい？

POINT

自分の生きがいとカフェのコンセプトをリンクさせることがポイント。

Lesson

4

カフェオーナーは経営者

経営者としてのスキルが必須

あなたが念願のカフェオーナーになれたときのことを、想像してみてください。友人や知人に、「仕事を辞めて、最近どうしてるの？」と聞かれたら、あなたはどう答えますか？

きっと、「カフェを開業した」「カフェオーナーをしている」と答える方が多いはずです。では、オーナーとは何か、考えてみましょう。

オーナーとは、「所有者」や「経営者」という意味です。つまり、カフェオーナーとは「カフェの経営者」であり、飲食業界の経験がない人でも、カフェオーナーになることができるということです。

飲食店でシェフやバリスタをしていた人の職種は、「シェフ」や「バリスタ」であって、「経営者」ではありません。カフェオーナーとしてカフェを開業するのならば、メニューをつくる技術や癒しの空間をつくるセンスも大事ですが、一番大事なのは、「カフェを経営するスキル」だということを意識してほしいのです。

長く続けるために大事なこと

カフェオーナーは、経営者として、お客様に喜んでいただくメニューやサービスを考え、対価であるお金をいただき、家賃や仕入費を支払い、カフェを長く継続・発展させていく役割を担います。

カフェ開業という夢を叶えようとしている読者の皆さんに、いきなり現実的な話をするようですが、これは、愛されるカフェを長く続けるために必要な話です。経営者としてのスキルがなければ、お客様から愛されるカフェを長く継続することはおろか、残念ながらお店を閉店することにもなりかねません。

本書では、開業ノウハウだけでなく、長くカフェを経営していくノウハウをレクチャーしていきます。

カフェオーナーは経営者！

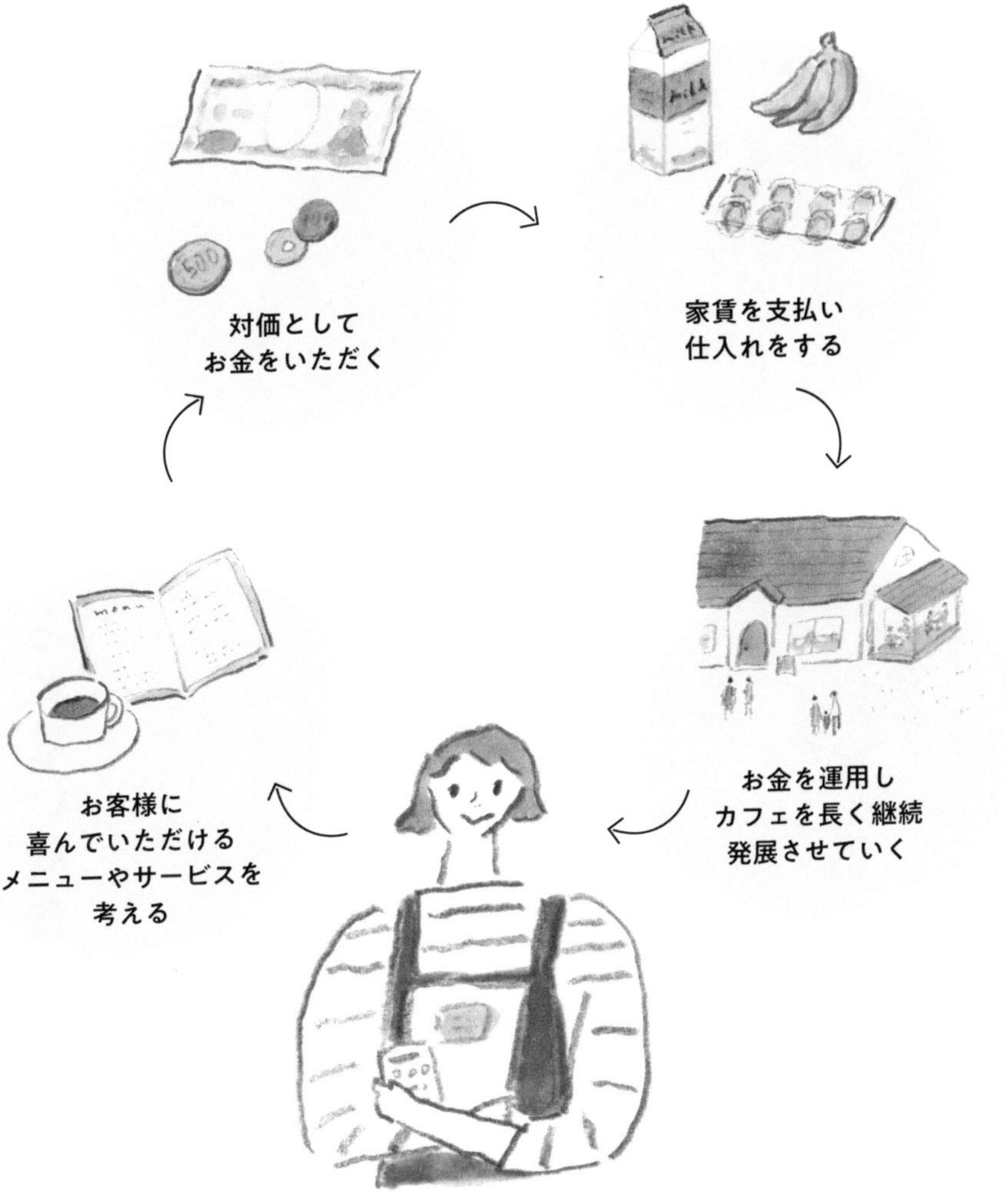
対価として
お金をいただく
家賃を支払い
仕入れをする
お金を運用し
カフェを長く継続
発展させていく
お客様に
喜んでいただける
メニューやサービスを
考える

Lesson 5

夢や理想だけでは続けられない飲食ビジネス

厳しい飲食業界の実態

いざ自分のカフェをはじめても、夢や理想だけでは、続けていくことは簡単ではありません。

飲食関連の市場規模は、約25兆円あるといわれています。その中でも、カフェのような飲料が主体となる業態の規模は約5兆円程度。最近では、フランチャイズビジネスの発展もあり、新しいカフェがどんどんオープンしています。飲食業は参入のハードルが低く、開業しやすいビジネスであると認識されているようです。

その反面、実は約30％のお店が、開業から1年未満で閉店しています。開業から3年以上続いている飲食店は約5割、10年後も営業している飲食店はわずか1割程度だという厳しいデータも出ています。

では、なぜ3年以内で閉店してしまうのでしょう。それは、最初の3年は、銀行などから追加融資を受けにくいという実情が関係しています。資金が足りなくなっても調達できず、廃業せざるを得ない状況に追い込まれるケースが後を絶たないのです。飲食業のオーナーにとって、**最初の3年が勝負**だといわれるのは、このような背景があるからです。

開業準備をしっかりすれば大丈夫！

廃業率は、店舗面積にも深く関わってきます。短期間で廃業しているお店を調べてみると、20坪以下のお店が多いのですが、10坪未満の店舗は、そこに属しません。小さな店舗は座席数が確保できず、大きな黒字は期待できませんが、人件費等の経費を抑えることができるので、赤字のリスクを回避することもできるのです。

飲食業は、廃業のリスクもありますが、開業準備をしっかりして、経営スキルを身につけておけば、成功しやすいビジネスでもあるのです。

飲食業界の市場規模内訳

※参照：公益財団法人 食の安全・
安心財団「外食産業市場規模推移」

飲食業界の市場規模は約25兆円！
カフェは「喫茶・酒場」に含まれ、
約1～1.5兆円規模。

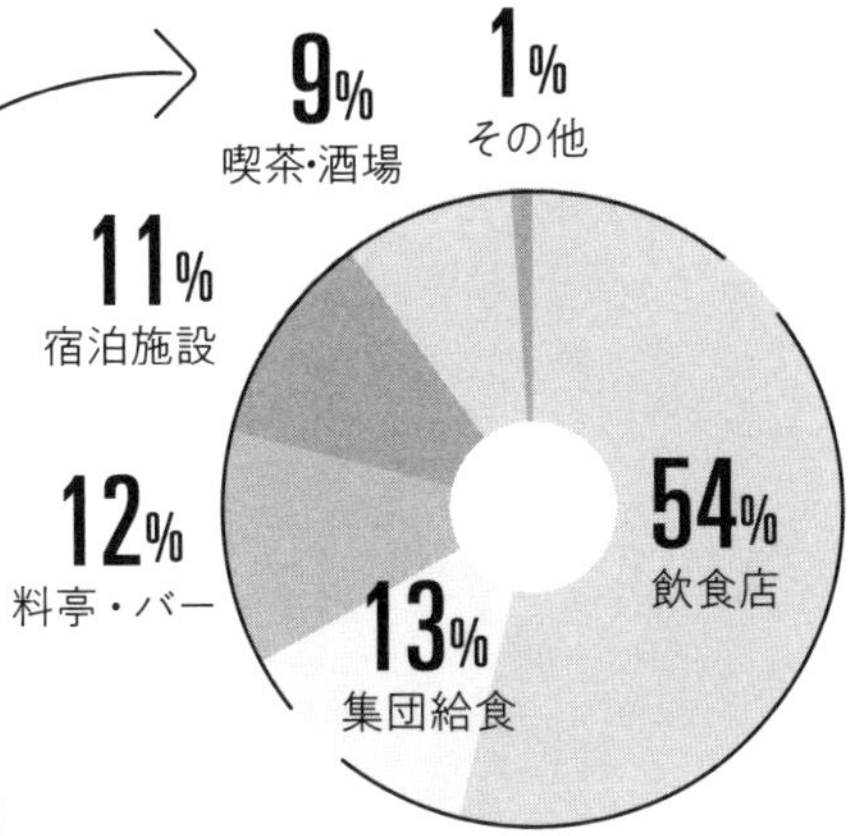

営業年数別の閉店割合

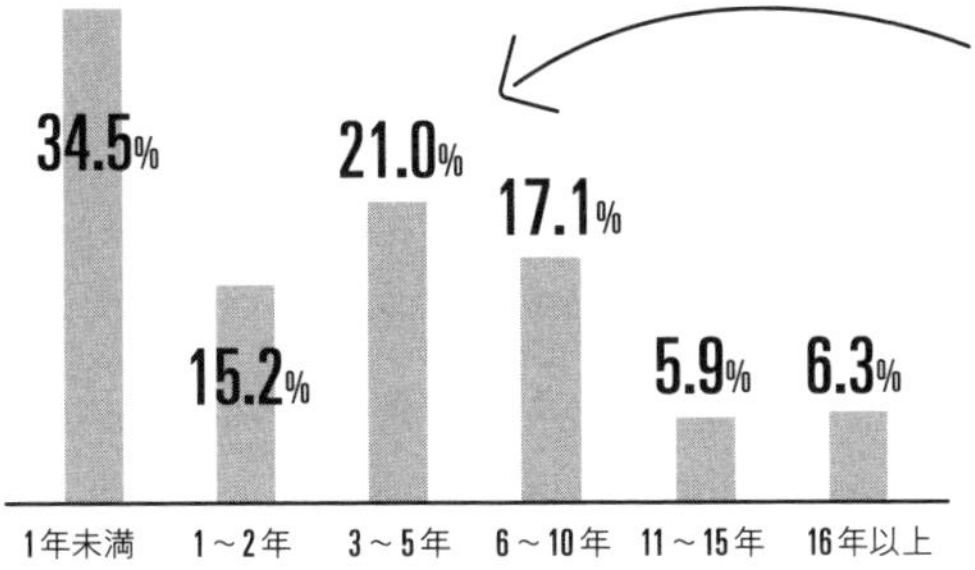

開業後1～3年は運転資金が限られ、追加融資も受けにくい。
オープン景気に惑わされず、顧客満足度アップと新規のお客様獲得が求められる。

店舗の広さ（坪）別の閉店割合

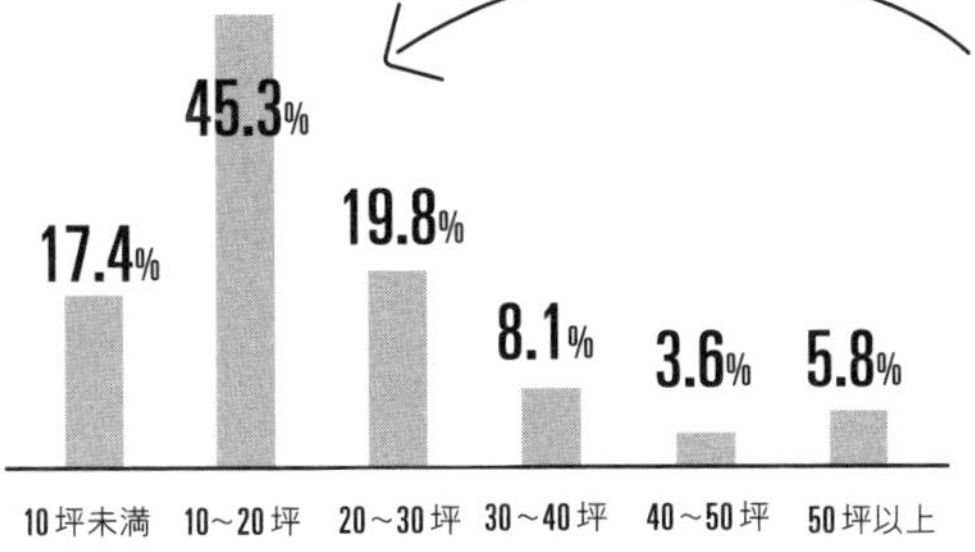

20坪以下の店舗が最も閉店軒数が多い。
10坪未満は黒字幅はあまり見込めないが、人件費や家賃を抑えられるため、赤字リスクも少ない。
15～20坪は、家賃と売上、人件費のバランスが難しい。

Lesson

6

カフェオーナーとして自立した人生を送ろう

不安を覚えるのは当たり前のこと

起業したり独立開業することには、不安や心配がたくさんあるかと思います。それらには、理由があるのです。

実は、世界の先進国の中でも日本は、起業・独立している方の比率が最も低い国です。戦後、急速に経済発展を遂げるために大企業をつくり、輸出によって豊かになることが日本の成長戦略でした。そのため、教育体系も連動して、大学に入学して、大手の企業に入社することがよしとされていた時代が長く続いたのです。

その結果、起業が盛んな国では当たり前の「お金の勉強と創業・起業の勉強」をしていない人が圧倒的に多いのです。開業したいと思っても、そのために必要な教育を受けていないので不安になるのは、仕方がないことです。

今こそ、独立開業のチャンス！

今後の日本経済は、不安な状況が続いていくでしょう。「終身雇用制や定年退職」などの概念が崩れ、「働き方改革」といわれるように、「副業や独立」など、自由な働き方が注目され、今まで以上に独立開業する人も増えていくでしょう。

自立した生き方とは、「**自分の好きなことで自由に、精神的にも経済的にも自立すること**」です。不安になることも当然あると思いますが、勉強すれば、誰でも実現することが可能な生き方です。

ぜひ、この本を参考にしていただきながら、１人でも多くの方が夢を実現し、たくさんのお客様に幸せな時間を提供するカフェ運営を続けていけますように、応援しています！

それでは、次章から具体的な開業ノウハウをお伝えしていきます。

起業の担い手の推移

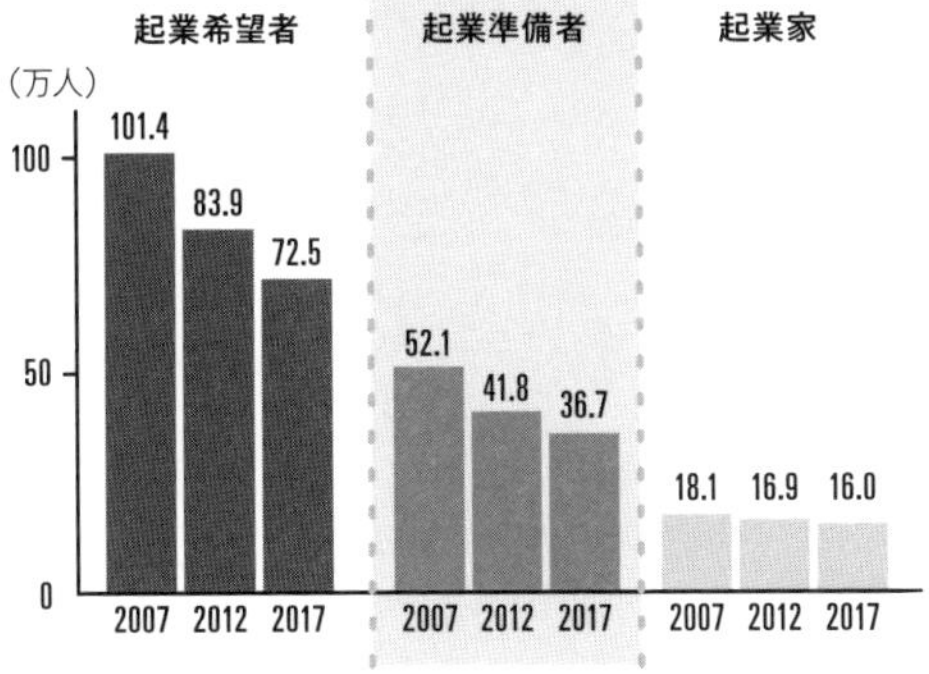

起業準備者に対する起業家の割合

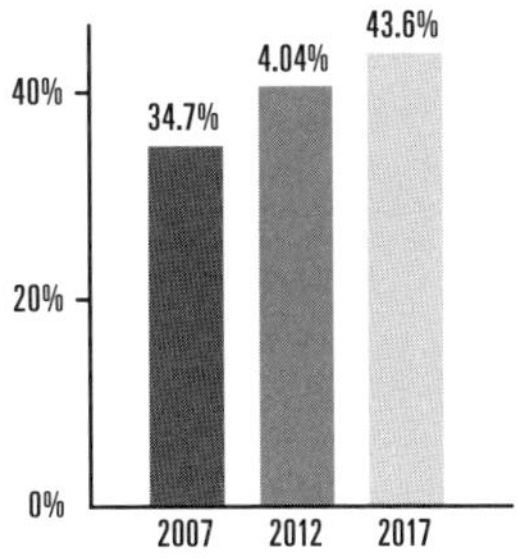

起業希望者は年々減少傾向ですが、実際に起業した人の割合は上がっています。全体的に少ないとはいえ、働き方が多様化する今、本気で起業する人が増えているのかもしれません。

起業した目的（フリーランス起業家）

※参照：「中小企業白書 2020 年版」（中小企業庁）

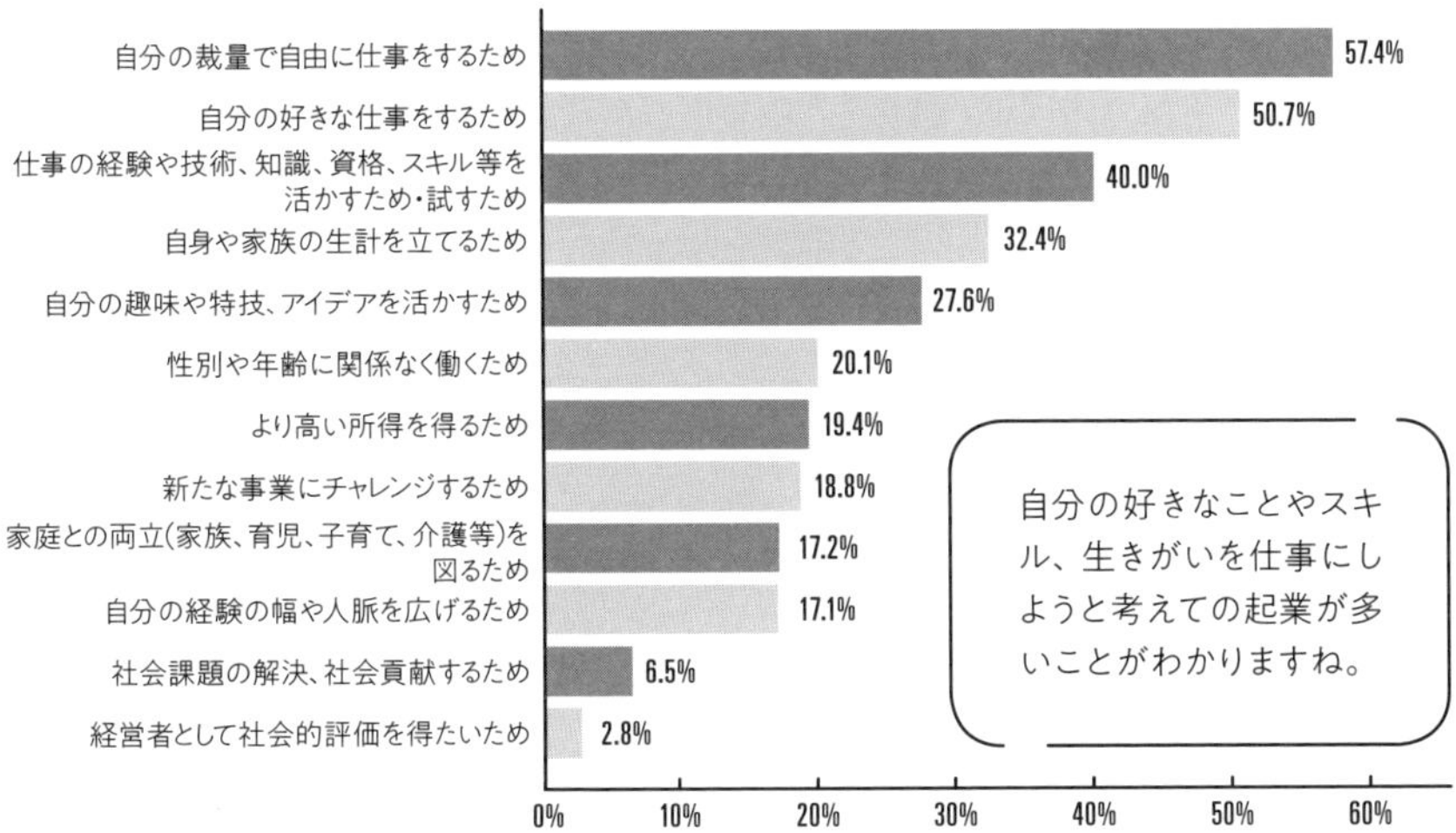

自分の好きなことやスキル、生きがいを仕事にしようと考えての起業が多いことがわかりますね。

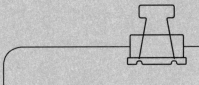

Chapter

2

自分らしさを詰め込む！

「MY カフェコンセプト」のつくり方

Lesson

1

個人カフェの魅力は「コンセプト」

カフェの新しい価値はあなた自身にある

最近では、多種多様なコンセプト型カフェがたくさんあります。その増加の裏側には、SNSの普及が大きく影響しているといわれています。同じ趣味やテーマを探している人に見つけてもらいやすくなり、つながりやすくなったからです。

文房具カフェや、ネコカフェ、ブックカフェ、映画カフェ、ダイエットカフェ……。アイデアはさまざまですが、総じていえるのは「オーナーの趣味や特技・経験」を活かしたカフェだということ。

「自分にはあまり特技もないし」という声をよく聞きますが、本人が褒められたり、何かを発表した経験が少ないために自覚していないというだけ。今は、「あなたの好きが価値になる時代」なのです。

コンセプト型カフェの実例を紹介

香港映画が大好きで、香港カフェをオープンした船原かな子さん。内装は、もちろん香港映画のシーンをイメージした家具や壁紙。メニューも、香港料理がメイン。香港を何度も訪れて、気に入ったお店を見つけては味を覚え、何度も試作を繰り返してメニューをつくったそうです。

カフェが認知されるまでは苦戦したそうですが、ファンが一度できはじめると、どんどん同じ趣味を持つ人が集まるようになりました。さらに、お客様がお家でも楽しめるようにテイクアウト商品を用意したり、雑貨などの買い付けをして、ネットショップを開設したり。

他にも、メガネ職人が開業したオーダー眼鏡の工房に併設したカフェ、子供が好きな方が開業した親子カフェ、あるバンドのファンの方が開業した音楽カフェなど、コンセプト型カフェのアイデアはオーナーの「好き」の数だけあります。

「好き」の数だけコンセプトはある！

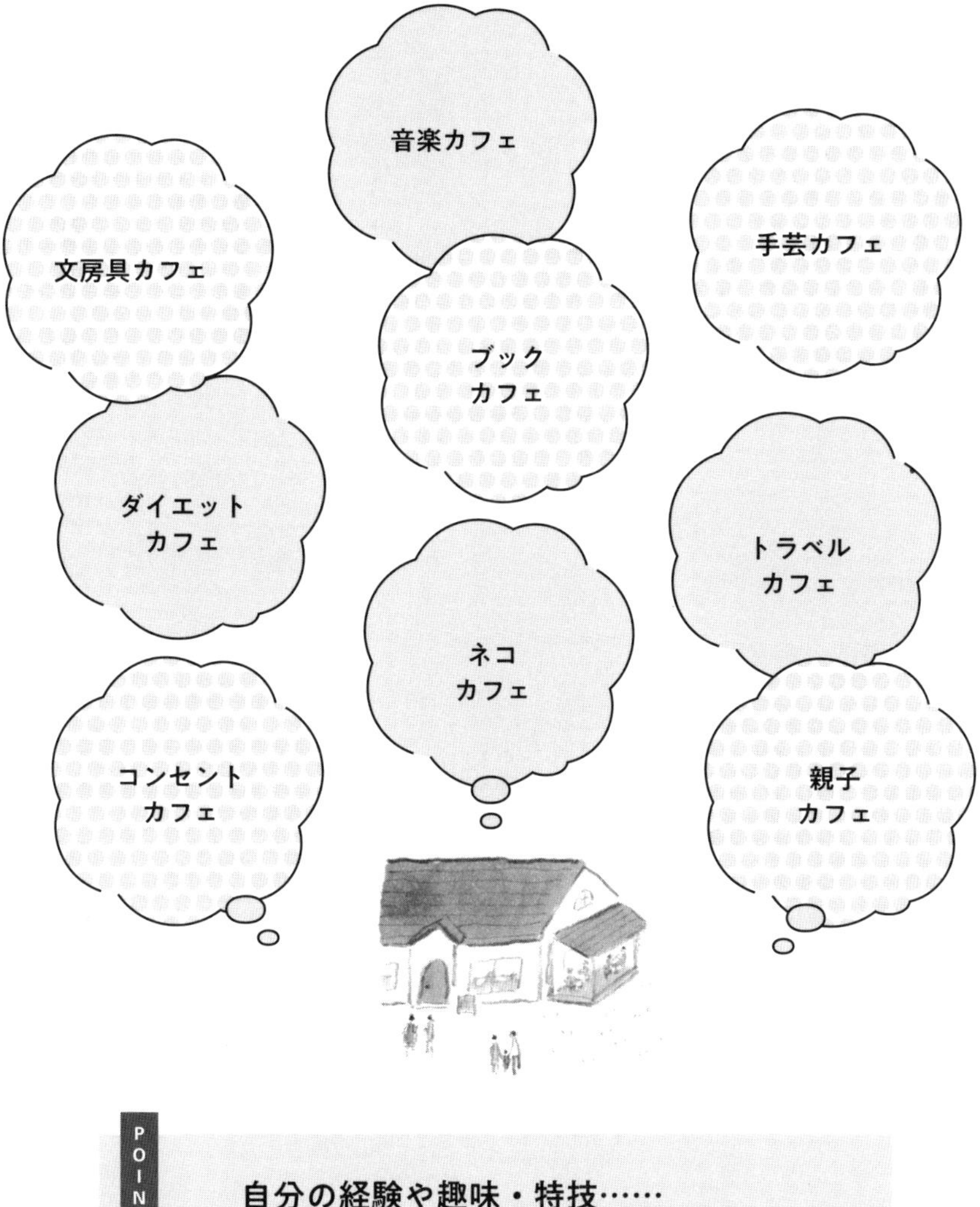

POINT

自分の経験や趣味・特技……
あなただけのカフェのコンセプトを
見つけましょう！

Lesson 2

コンセプトはカフェの命

▼コンセプトづくりが最初の仕事

「コンセプト」は、開業のときの道しるべとするためにも、赤字リスクを避けて廃業という結末を招かないためにも必要な、カフェ開業の「根幹」となるものです。根幹さえしっかりしていれば、どんな震動が起ころうともビクともしない経営が実現できます。

コンセプトは、カフェをオープンするオーナー自身にしかつくれません。1章でもお伝えしたとおり、オーナーであるあなたの生きがい（ライフコンセプト）とリンクするものだからです。

この「MYカフェコンセプト」をつくることが、カフェオーナーとしてやるべき最初の仕事といってもいいでしょう。

▼あなたのカフェのコンセプトは？

「あなたは、どんなカフェにしたいですか？」という質問に答えられる人は多いのですが、「あなたのカフェのコンセプトは何ですか？」という質問に答えられる人は、意外と少ないものです。

ここからは、「MYカフェコンセプトシート」に沿って、あなたのカフェのコンセプトづくりについて、具体的にお伝えしていきます。

「MYカフェコンセプトシート」は、

①コンセプトの原点
②コンセプトの体系化
③コンセプトの具体化

という3つのテーマに分かれています。

これらを考え、シートに記入していくことで、あなたのカフェの根幹となるコンセプトができあがっていきます。

このコンセプトが、あなたの理想のカフェを実現する「MYカフェ事業計画」の土台にもなります。

MY カフェコンセプトシート

コンセプトの体系化
理想のカフェ像を描く。「社会性」「独自性」「経済性」を自由な発想で書き出しましょう。

コンセプトの原点
あなたの創業動機について考えましょう。

[2] ②コンセプトの体系化

コンセプト ＝ 創造された作品や商品の 全体につらぬかれた、骨格となる発想や観点

カフェ店舗名

社会性
誰のために、何のために、どんなメリットがあるカフェなのでしょう？
存在意義

独自性
（あなたのカフェにしかない強みは）

経済性
（継続するための利益の出せる仕組み）

[4]
メインコンセプト（ブランドコンセプト）
差別化ポイント
コンセプトキーワード

[1]

項目		①コンセプトの原点
創業動機（理由）	Why?（なぜ？）	
強み・経歴	What?（何を？）	
やりがい・使命	How long?（今後）	
収入・展開のビジョン	How long?（今後）	

[3]

項目		③コンセプトの具体化
カフェのコンセプト（目的）	Why?（なぜ、何のために？）	
顧客コンセプト（ターゲット）	Who?（誰に？）	
サービス・商品コンセプト（メニュー構成）	What?（何を？）	
立地コンセプト（役割・機能）	Where?（どこで？）	
店舗コンセプト（業種・スタイル）	When?（いつ？）	
運営コンセプト（接客・サービス）	How?（どのように提供する？）	
価格コンセプト（客単価）	How much?（どのくらいの価格で？）	
売上計画（月商）	How many?（売上目標）	

コース名：　　　　氏名：

MYカフェコンセプト完成！
[1]～[3]の項目を考えることで、あなただけのカフェコンセプトができあがります。

コンセプトの具体化
オーナーとして、どんなカフェをつくりたいか、経営者の基本ルール「5W 2H」を具体的に考えます。

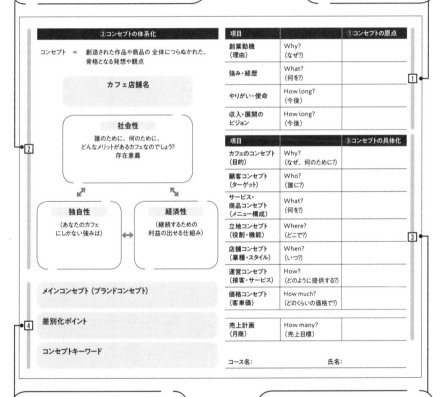

Lesson 3

①コンセプトの原点 あなたの創業動機は？

▼「なぜ、カフェを開業したいのか」を知る

まずは、コンセプトをつくるうえで必要となる素材を集めます。ここでは、あなた自身に4つの質問をしてみてください。

①創業動機
「なぜ、カフェを創業したいと思ったのですか？」

②強み・経歴
「これまでの経験から、何ができますか？」

③やりがい・使命
「あなたは、どんなことにやりがいを感じますか？」

④収入・展開のビジョン
「将来、どのようになりたいと思っていますか？」

この4つの質問の中で、コンセプトづくりにとって大事になってくるのが、1つ目の「創業動機」に関する質問です。なぜなら、2〜4番目の質問の答えは、今後変わることも考えられるからです。

しかし、1つ目の創業動機に関しては、変更されることはありません。つまり、あなたが「カフェを開業したい」と思ったときの気持ちを深掘りしていくことで店舗運営の軸が生まれます。

▼少しずつビジョンを明らかにさせていこう

「なぜ、カフェを創業したいと思ったのですか？」その答えが、あなたのコンセプトの素材になります。そして、2〜4番目の質問は、1つ目の質問で答えた創業動機に深みを与えるためのスパイスだと思ってください。

ポイントは、理想や夢だけでなく、4つ目の質問のように、自分の収入やビジョンをしっかりと描いておくこと。今の段階で書けなくてもかまいません。時間をかけてゆっくりと、具体的なビジョンを描き、あなたのカフェの素材を集めていきましょう。

1 コンセプトの原点

項目		①コンセプトの原点
① 創業動機（理由）	Why?（なぜ?）	
② 強み・経歴	What?（何を?）	
③ やりがい・使命	How long?（今後）	
④ 収入・展開のビジョン	How long?（今後）	

【例】

① 創業動機（理由）

Q. なぜ、カフェを創業したいと思ったのですか？

「私は、自分が好きなコーヒーを提供できるお店をつくりたいと思いました。」

② 強み・経歴

Q. これまでの経験から、何ができますか？

「接客業の経験から、人と話すことが得意です。」

③ やりがい・使命

Q. あなたは、どんなことにやりがいを感じますか？

「自分がしたことが、誰かに喜んでもらえたとき。」

④ 収入・展開のビジョン

Q. 将来、どのようになりたいと思っていますか？

「今の収入を維持しながら、地域で愛されるカフェのオーナーになりたい。」

Lesson

4

②コンセプトの体系化
あなたのカフェの存在意義は？（社会性）

カフェをはじめるのは誰のため、何のため？

コンセプトの原点を深掘りしたら、今度はそれらを使ってコンセプトを体系化していきます。

体系化するのに必要なのは、「社会性」「独自性」「経済性」です。

では、1つずつ見ていきましょう。

社会性とは「誰のために、何のために、どんなメリットがあるカフェなのか」で、これから考えていくコンセプトの土台ともいえる部分であり、カフェを経営するうえで一番大切にしたい項目です。

大事なのは、自己満足のためだけに、自分のやりたいことだけをやってはいけないということ。あなたのカフェの向こう側にいる、お客様や関わる人を想像して考えてみてください。

・地域の人が気軽に集えるコミュニティにしたい

・地域の観光集客に貢献したい

・雇用の場をつくりたい

どんなことをして喜ばせたいのか、誰に喜んでもらいたいのか、カフェを通じて何を提供したいのか、想像力を膨らませてみてください。

先入観を捨てると新しいアイデアが生まれる

近年では、雑貨売り場とカフェが併設されているお店も増えてきましたが、「モノづくりをする作家さんを応援したい」という想いも、社会性のひとつです。

「カフェは、こうでなくてはいけない」といった先入観を捨てることで、新たな存在意義が生まれています。

「誰のために、何のために」という他者を思う気持ちから、愛されるカフェははじまります。

2 コンセプトの体系化

社会性

誰のために、何のために、
どんなメリットがあるカフェなのでしょう?
存在意義

考え方のPOINT

「自分のため」ではなく、「誰のため」「何のため」を考えましょう。

【例】
・健康で幸せな気持ちになれる料理を提供したい。
・地域の生産者さんを応援したい。
・ほっとくつろげる癒しの空間を提供したい。

Lesson 5

②コンセプトの体系化 あなたのカフェだけの魅力は？（独自性）

好きなことからコンセプトは生まれる

数多くあるお店の中で、わざわざ足を運びたくなるような、あなたのお店だから実現できる特徴や魅力。それが「独自性」です。

まずは、やりたいことや好きなことを、自由な発想で書き出してみましょう。この時点では、「できる」「できない」は関係ありません。とにかく、あなたの理想のカフェを描いていきます。

思い浮かばない人は、お気に入りのお店や、よく訪れる場所の何に惹かれているか、その場所の何が好きなのかを考えてみるといいでしょう。

・趣味を活かす（インテリアが好きな人）

インテリアが好きな人なら、内装はシンプルでモダンに、有名デザイナーの家具を置くなど、そのお店だけの空間づくりにこだわることが、独自性になります。空間を楽しむために、食事をあえて軽食にするのもいいでしょう。

・経験を活かす（飲食店での調理経験）

飲食店での調理経験があるなら、それを活かして、あなたのオリジナリティを取り入れたメニューを考えましょう。あなたのお店でしか食べられない看板メニューが独自性です。

いろんなお店に行ってみよう

好きなことや得意なことを見つけるために、たくさんのお店へ足を運んでみることも大切です。カフェに限らず、さまざまなお店を見て、情報を収集することが、独自性へとつながっていくのです。

独自性とは、アイデアです。この時点で完成度は必要ありません。自分で考え、自分で決めることに意味があります。あなた自身がワクワクするような、行ってみたいと思える理想のカフェを自由にイメージしましょう。

2 コンセプトの体系化

独自性

（あなたのカフェにしかない強みは）

考え方のPOINT

「できる」「できない」ではなく、「やりたいこと」「好きなこと」を思いつくままに書き出しましょう。

【例】
・大好きなインテリアに囲まれたお店をつくる。
・音楽好きが集まるお店をつくる。

Lesson

6

②コンセプトの体系化

カフェを継続するための利益の仕組みは？（経済性）

まずはざっくりと目標を数字で表してみる

社会性、独自性と続き、最も頭を抱える人が多いのが「経済性」です。楽しい理想だけでは経営は立ち行かなくなるのも現実です。継続するためには、**利益の出る仕組み**を考えなくてはいけません。ここでは、大まかな目標を考えます。

カフェを経営するには、家賃や光熱費、材料費、人件費といった経費が必要です。総売上から諸経費を差し引いた金額が利益になります。自分の生活を維持するためには、いくらの利益が必要か、年間でどれくらいの収益を上げたいかなどを、ざっくりとでいいので数字で表してみましょう。

「自分の儲け」だけを考えない

カフェに限ったことではありませんが、経営は、相手の立場に立って考えることを忘れてはいけません。お客様の立場に立ってみたとき、利益率を上げるために、材料費を抑えた質の悪い料理を提供しているお店に行きたいと思いますか？　人件費を抑えたいからといって、スタッフに低賃金で長時間労働をさせているお店に、気持ちのいい接客ができると思いますか？

答えは「ノー」ですよね。

「社会性」で考えた「誰のために、何のために」という本質の部分を大事にしながら、利益を出せる仕組みについて考えていきましょう。

長く愛されるカフェには、必ず理由があります。それが、継続するための利益を出せる仕組みとなります。

具体的な数字の管理については、順を追ってご説明していきます。まずは、カフェを経営する自分の未来像をイメージするところからはじめましょう。

2 コンセプトの体系化

経済性

（継続するための利益を出せる仕組み）

考え方のPOINT

自分のためだけの利己的な仕組みはNG！
お客様の立場に立って考えましょう。

【例】
・お客様に満足していただけるサービスとは？
・わざわざ足を運びたくなるメニューとは？
・何度も訪れたくなる空間とは？

Lesson 7

③コンセプトの具体化

あなたのカフェの未来を具体的に発想しよう

▼コンセプトを実現するためのワーク

未来像がなんとなくでもイメージできたら、コンセプトを具体化していきましょう。

次の「5W2H」のワークは、経営者にとって基本のルールづくりです。オーナーとして、どんなカフェをつくりたいかを考えていきましょう。

この具体化の作業は、カフェを経営するうえで、基本の骨組みとなります。あなたの理想のカフェづくりの実現に向けた、重要なステップです。

ここでも、「できる」「できない」のブレーキを外し、五感で考えることを意識しましょう。

・Why?（なぜ、何のために?）

社会性・独自性・経済性と重なる、とても重要な項目です。

どうしてカフェをはじめたいのか、確固たる土台を築くためにも、もう一度考えてみましょう。

お客様に対しての貢献、喜びが自分へと循環することを忘れずに。

・Who?（誰に?）

この項目は、ターゲットにしたい顧客コンセプトです。

どんなお客様に利用してもらいたいですか? 年齢層や性別、職業だけでなく、ひとり客なのか、カップルなのかなど、利用してくださるお客様の顔を思い浮かべ、想像力を膨らませていきましょう。

・What?（何を?）

どんなお店で何を提供したいですか? メニューに限らずサービス全体を考えてみてください。

どんなことをしてあげたいのか、どんな体験をしてもらい、何を感じてほしいのか。

そして、どう感じたときに、そのお客様がもう一度お店に来たいと思うか、お店の存在意義について、深掘りしてみましょう。

・Ｗｈｅｒｅ？（どこで？）

お店をオープンする場所について考えましょう。場所といってもいろいろです。駅前で人通りの多い場所か、反対に少し奥まった隠れ家的な場所がいいのか。また、テイクアウトや出前の需要など、視野を広げれば可能性も拡大します。

・Ｗｈｅｎ？（いつ？）

どんなお店をはじめたいのかによって、営業時間なども違ってきます。ターゲットにしたい顧客の利用シーンなどを想像しながら、営業時間を考えましょう。顧客の利用頻度が明確になると、実施するべきサービス内容も見えてきます。

ここで、いつ頃のオープンを目指したいか、目標を立ててみるのもいいですね。未来の目標があれば、そこに向けて逆算しながら計画を立てられます。

・Ｈｏｗ？（どのように提供する？）

どのようにサービスを提供し、営業していくのかをイメージしましょう。

店舗の規模はどのくらいで、お客様の収容人数は何人くらいを想定していますか。店舗の規模に合わせて、一人で運営するのか、スタッフを雇うのか、家族に協力してもらうのかなど、具体的に考えていきます。

あなたが目標にしているお店があるなら、そのお店を経営者の立場から観察することで、ヒントが得られるはずです。

・Ｈｏｗ　ｍｕｃｈ？（どのくらいの価格で？）

ターゲットにしたいお客様に、満足していただける価格帯はいくらくらいでしょうか。ランチタイム、カフェタイム、ディナータイムと、それぞれ考えてみてください。

理想でかまいませんので、数字をはじき出し、１日の売上、１カ月の売上の想定目標も出してみましょう。

3 具体化

項目		③コンセプトの具体化
カフェのコンセプト （目的）	Why? （なぜ、何のために?）	
顧客コンセプト （ターゲット）	Who? （誰に?）	
サービス・ 商品コンセプト （メニュー構成）	What? （何を?）	
立地コンセプト （役割・機能）	Where? （どこで?）	
店舗コンセプト （業種・スタイル）	When? （いつ?）	
運営コンセプト （接客・サービス）	How? （どのように提供する?）	
価格コンセプト （客単価）	How much? （どのくらいの価格で?）	
売上計画 （月商）	How many? （売上目標）	

考え方のPOINT

未来を具体的に発想しましょう。

できる・できないのブレーキを外し、五感で考えましょう。

Why	誰のために?　何のために?
Who	誰に利用してもらいたいのか?　具体的な顔を思い浮かべてみて。
What	何を提供するのか?　体験してほしいことや感じてほしいことは?
Where	立地は?　テイクアウトや出前の需要はどうか?
When	どんなお店で、どんなタイミング・頻度・時間帯で利用してほしいのか?
How	どのようにサービスを提供し、どう変化をつけ、営業していくのか?
How much	利用してほしいお客様に満足していただける価格帯は?
How many	あなたが目指す1カ月の売上目標は?

4 MY カフェコンセプト完成！

メインコンセプト（ブランドコンセプト）

差別化ポイント

コンセプトキーワード

考え方のPOINT

1～3のステップで考えた内容をベースに、
上の３つの項目を記入すれば、
「MY カフェコンセプト」はいよいよ完成です！

Lesson

8

「MYカフェコンセプト」は、あなたの人生！

カフェの未来像を描こう

ここまで、カフェのコンセプトについて考えてきました。あなたは、どんなカフェ像が描けたでしょうか？

シートにあまり書き込めなかったという人もいるかもしれませんが、それでもかまいません。自分で考える習慣をつけることが重要です。

カフェのオーナーは、「あなた」です。自分の好きなことや得意なこと、これまでの経験から得た、あなただけの価値観を軸に未来像を描くことで「MYカフェコンセプト」は完成します。

「MYカフェコンセプト」は、あなたの過去、そして目指すべき未来です。時間をかけて考え、ブラッシュアップしていきましょう。遊び心というスパイスを忘れずに、楽しみながらつくりあげていきましょう。

コンセプトはカフェ運営のための道しるべ

世の中にはたくさんの飲食店があり、同じようなお店やサービスが氾濫し、そのアイデアはすぐにマネされてしまいます。だからこそ、「あなたの想い」を明確にすることが必要不可欠なのです。

明確な想いがなければ、周りに同質化して埋もれてしまいます。外部的要因に左右されて、すぐにブレが生じ、共に働く人たちとの考え方が定まらず、方向性がバラバラになってしまいます。

こういった現象が、店舗の崩壊へとつながってしまうのです。本章の初めに、飲食業の厳しい現実をお伝えしましたが、そんな荒波を乗り越えるためにも、コンセプトをしっかりとつくりあげましょう。

オーナーとして、悩んだり迷ったりする場面は必ず訪れます。そんなときに、「MYカフェコンセプト」はあなたの道しるべとなってくれるはずです。

MYカフェコンセプトで理想のカフェを叶えよう

POINT

MYカフェコンセプトは、道しるべのようなもの。カフェ開業前もオープン後も、オーナーを支える大事な存在です。

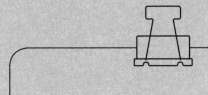

Chapter

3

最低限知っておきたい！

カフェ開業の基礎知識

Lesson

1

カフェ開業までの準備10ステップ

カフェオープンまでの流れ

3章では、カフェ開業までに必要な準備を把握していきましょう。段取りよく計画的に準備を進めることが、初期投資削減にもつながります。

ステップ① MYカフェコンセプトづくり……どんなお店を開きたいのか、あなたのカフェの軸となるコンセプトの原石をつくります（2章）。

ステップ② 必要なスキルの準備……経営に必要な手続きや、料理、ドリンク、サービスなど、店舗運営の基盤をつくります。

ステップ③ 事業計画書をつくる……事業計画書とは、自分のカフェの未来予想図です。収支計画を立てながら、コンセプトに合ったお店の実現に向けて、具体的に考えていきます（詳しくは5章）。

ステップ④ 資金の準備……あなた自身がどれだけの自己資金を用意できるのかを把握します。

ステップ⑤ 物件探し……希望のエリアを中心に、店舗となる物件を探します（詳しくは6章）。

ステップ⑥ 物件契約……人気物件は、条件がよければ、すぐに契約が決まってしまうので、スピーディに対応しましょう。

ステップ⑦ カフェ店舗デザイン……内装や設備の工事、厨房設備導入、家具の選定などを進めます。

ステップ⑧ 仕入先の確定、許可申請……食材等を仕入れる取引先との契約、保健所と消防署への申請、開業・廃業等届出書の税務署への提出など。

ステップ⑨ 引き渡し&開店準備……店舗の引き渡し後、保健所と消防署の確認を受け、防火対象物使用開始の申請をします。オープンまでにオペレーショントレーニングや宣伝活動、備品の確認をします。

ステップ⑩ カフェオープン……いよいよ、念願のカフェオープン。ここからが本当のスタートです！

カフェオープンまでの10ステップ

STEP 1	**MYカフェコンセプトづくり：**どんなカフェを開きたいのか？を考える
STEP 2	**必要なスキルの準備：**経営、料理、ドリンク、サービス、店舗運営
STEP 3	**事業計画をつくる：**自分のカフェの未来予想図（コンセプト+収支計画）
STEP 4	**資金の準備：**自己資金の把握と融資を受ける準備（日本政策金融公庫など）
STEP 5	**物件探し：**希望のエリアを中心に、居抜き物件かスケルトンか
STEP 6	**物件契約：**物件の取得。保証金、前家賃などの確認
STEP 7	**カフェ店舗デザイン：**内装工事、設備工事、厨房設備導入、家具選びなど
STEP 8	**仕入先の確定、許認可申請：**食材等仕入先の契約、保健所・消防署・税務署などへ必要手続きの申請
STEP 9	**引き渡し&開店準備：**店舗の完成後、備品のチェック、オペレーショントレーニング、集客のための宣伝活動
STEP 10	**カフェオープン：**念願のカフェの開業。ここからがスタートです！

Lesson 2

カフェ開業に必要な申請・届け出

▼開業に必要な資格は「食品衛生責任者」だけ

「カフェを開業するには、いろいろな資格が必要なのでは？」と思っている方が多いようです。

意外と知られていませんが、カフェ開業に必要な資格は「食品衛生責任者」の1つだけ。調理師免許や栄養士などの資格を持っているか、食品衛生責任者講習に出席して資格を取得するだけでいいのです。しかも、6時間の講義を受けるのみで、実地訓練はなし。費用も、1万円程度で取得できます。

▼「飲食店営業許可証」とは

カフェを営業するために必要な届け出のひとつが、保健所への「飲食店営業許可証」の申請です。飲食店として衛生面に問題がないか保健所の確認を受け、営業許可をもらいます。

まずは、保健所に店舗工事施工前の設計図を確認してもらいます（居抜き物件をそのまま使用する場合は必要ないケースもあります）。そして、工事施工7日前までに、消防署に「防火対象物工事等計画届出書」を提出します（店舗規模によっては必要ない場合もあります）。

工事完了後、営業開始までに保健所の視察を受けます。同時に、消防署に設計図を提出し、「防火対象物使用開始届」の申請も行ないます。店舗が防災面で問題ない設計になっているか、現地確認も必要です。

▼個人事業の開業・廃業等届出書

また、カフェの開業を機に独立する人は、税務署に「個人事業の開業・廃業等届出書」を提出しましょう。

提出期限は、事業の開始等の事実があった日から1カ月以内、届け出先は納税地となる都道府県にある税務署です。

開業までに必要な資格や申請

「食品衛生責任者」の講習を受ける

↓

「食品衛生責任者」の資格取得。修了証を受け取る

↓

保健所へ「飲食店営業許可証」の申請をする

↓

消防署に「防火対象物工事等計画届出書」を提出し、
店舗工事スタート

↓

工事後、店舗の確認検査を受け、営業許可書が交付

↓

消防署に「防火対象物使用開始届」の申請をして、
現場確認を受ける

↓

税務署に「個人事業の開業・廃業等届出書」を提出

↓

営業開始！

POINT

お店の規模や業種によって必要な資格が変わってきます。特に、営業許可や消防法に関しては、保健所や消防署で事前に調べておくとスムーズです。

「食品衛生責任者」の資格取得

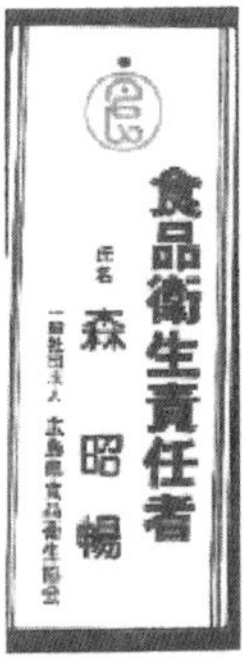

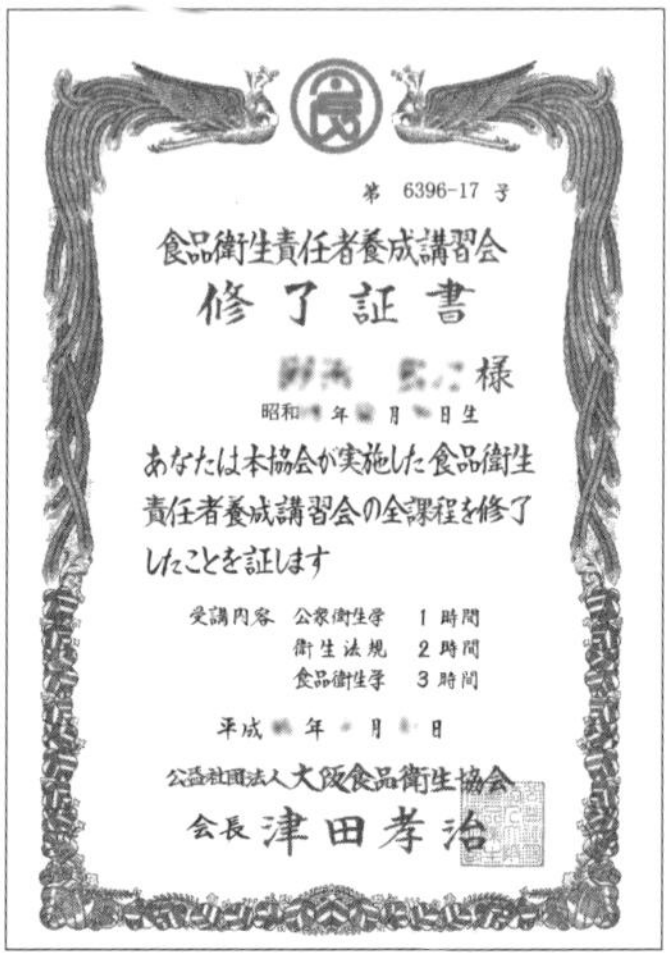
第 6396-17 号

食品衛生責任者養成講習会
修了証書

様

昭和 年 月 日生

あなたは本協会が実施した食品衛生責任者養成講習会の全課程を修了したことを証します

受講内容 公衆衛生学 1時間
衛生法規 2時間
食品衛生学 3時間

平成 年 月 日

公益社団法人大阪食品衛生協会
会長 津田孝治

「食品衛生責任者」の修了証書は、営業許可の申請に必要

講習の内容は３科目

1 衛生法規

食品衛生法の基礎、食品衛生責任者の責務など（2時間）

2 公衆衛生学

衛生管理や作業環境管理など（1時間）

3 食品衛生学

食中毒の対策、食品表示、設備管理など（3時間）

都道府県などの自治体や保健所等の主催で、ほぼ毎月開催。早めに予約して、受講しておきましょう。

カフェ開業に必要な税務署への届け出

個人事業の開業・廃業等届出書	○	開業1カ月以内
所得税の青色申告承認申請書	△	開業2カ月／3月15日まで
青色事業専従者給与に関する届出	△	3月15日まで
給与支払事務所等の開設届出	△	開業1カ月以内
所得税の減価償却資産の償却方法の届出	▲	確定申告期限まで
源泉所得税の納期の特例承認申請書	▲	提出翌月以降から適用
所得税の棚卸資産の評価方法届	▲	確定申告期限まで
所得税・消費税の納税地の変更届	▲	確定申告まで

○：必須　△：該当者のみ　▲：必要に応じて（提出しなくても営業は可能）

✔ 源泉所得税の納税について

原則、毎月所定の金融機関などで納付。常時10人未満の従業員の事業所は、届出を出すことで、年2回にまとめての納付も可。

✔ 棚卸資産の評価

提出しない場合は、最終仕入原価法で評価される。
【例】100円→200円→150円で仕入れの場合、
最後に仕入れた150円で計算される。その他、仕入先出し法、総平均法などがある。

✔ 減価償却資産の償却方法

提出しない場合は、定率法が適用される。

源泉所得税や棚卸資産の償却など、経営者として覚えておかないといけないことがたくさん！

Lesson 3

カフェ開業に必要な厨房の施設基準

営業許可を取得するためのチェックポイント

飲食店の営業許可を得るためには定められた施設基準があり、店舗を設計する際は注意が必要です。

・**床面**：壁から排水溝に向かって、平滑で1・5／100以上の勾配をつける。床面と内壁面との接合部分には適度な丸みをつけ、掃除をしやすくする。

・**排水溝**：ふた付きで底面には適度な丸みをつける。排水会所には網かご等をつける。

・**内壁**：床面から1・5m以上の高さまで、タイルやコンクリート等で整備する。窓には網戸を設置。

・**天井**：隙間がなく平滑で耐水性素材を使用。ほこりがたまらないよう照明器具は天井面に埋め込む。

・**明るさ**：300ルクス以上の明るさを確保。

・**換気扇**：調理の煙や蒸気等の排除設備。必要な場所に十分な能力のあるものを備える。フードは天井面より垂直に、煙や臭い等で近隣に迷惑をかけないよう排気口の位置や、呼気と排気のバランスに注意。

・**調理台**：ステンレス製等で床面から高さ60cm以上。

・**まな板・包丁**：食肉用、魚介類用、野菜用、生食用で使い分ける。生食用まな板は合成樹脂製。

・**シンク（流し台）**：ステンレス製で、2層以上。

・**湯沸かし器**：熱湯を十分に供給できるようにする。

・**手洗い設備**：L5サイズ（幅40cm×奥行32cm）以上で、消毒液、爪ブラシ、ペーパータオル等の必要備品を用意。

・**食器戸棚**：扉があり、ステンレス等でつくられているもの。天井面にも隙間ができないものを設置。

・**冷凍庫・冷蔵庫**：定期的に温度計で管理する。

・**廃棄物容器**：ふた付きで十分な大きさがあり、合成樹脂等でつくられたものを使用。

・**空調設備**：調理場内は湿度80％以下、温度25℃以下が目安。

設備基準チェックシート

チェック場所	チェックポイント	○
床面	排水溝への勾配、床面と内壁面との接合部分	
排水溝	ふたの有無・網かご等の設置	
内壁	タイルやコンクリート等で整備、窓に網戸設置	
天井	耐水性素材で平滑で隙間なく、照明器具は埋め込む	
明るさ	300 ルクス以上	
換気扇	適した能力のものを設置、フードは天井面より垂直に	
調理台	ステンレス製、床面から高さ 60cm 以上	
まな板・包丁	それぞれの用途で使い分け、生食用まな板は合成樹脂製	
シンク（流し台）	ステンレス製で、２層以上	
湯沸かし器	熱湯を十分に供給できるもの	
手洗い設備	L5 サイズ以上。必要備品が用意できているか	
食器戸棚	扉があり、天井面にも隙間がないもの	
冷凍庫・冷蔵庫	庫内の温度管理を徹底できるか	
廃棄物容器	合成樹脂製、ふた付きで十分な大きさがあるもの	
空調設備	調理場内は湿度 80％以下、温度 25℃以下	

床面

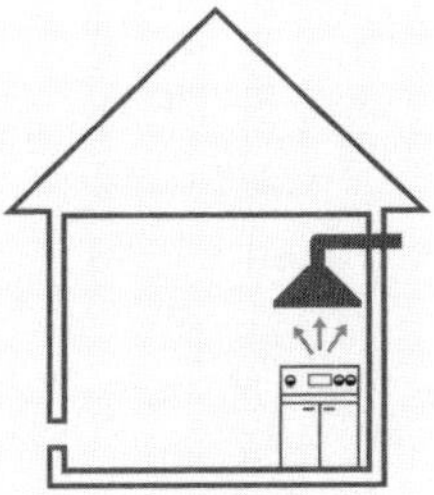
換気扇

営業許可を得るためには、
細かな基準がいっぱい。
しっかりチェックしましょう。

Lesson

4

カフェ開業に必要な資金について

▼開業に必要な2種類の資金

カフェ開業には、「開業資金」と「運転資金」が必要です。

開業資金は、物件取得費・内外装設備費・営業備品費に分けられ、工夫を施すことでコストを削減することもできます。ただし、立地・内装・設備で妥協するのはNGです。ここで妥協してしまうとオープン後に影響が出てしまい、もっとお金がかかってしまう可能性もあります。

もちろん、用意できる資金とのバランスを見ながらになりますが、ここで使うお金はとても価値のあるものだと覚えておいてください。

また、開業資金として用意しておきたいのが、前払いする賃金や初回の仕入費、さらに危機回避のために用意しておく資金も含めた運転資金です。

運転資金は最低でも開業してから3カ月分、できれば6カ月分の生活費を用意しておくと安心です。運転資金は、基本的には単月黒字化するまでの保険のようなものですが、「そんなに長い間、赤字のままなのか？」と不安になるかもしれませんね。

しかし、オープンしてから買い足すものがたくさんあることに気づいたり、突発的な出費が必要となったりすることも意外と多いのです。

▼一体、どれくらい必要なの？

左ページは、1人で開業する場合を基準に、10～15坪くらいの店舗面積で、家賃が月12万円の物件で開業した際の「開業資金計画書」です。ここではまず、開業資金の内訳を見ながら、あなたのお店をオープンするためには、どれくらいの開業資金が必要なのかを想像してみてください。具体的には、4章で詳しく説明していきます。

10坪～15坪のカフェを基準にした開業資金計画書

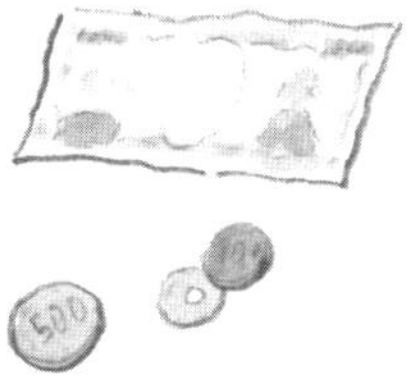

大項目	中項目	内容	金額
物件取得費	保証金・敷金	家賃の6～10カ月分	¥960,000
	不動産手数料	仲介手数料（家賃の1カ月分）	¥120,000
	前払い家賃	施工期間の家賃	¥120,000
小計			¥1,200,000
内外装設備費	設計監理費	デザイン、設計費用	¥500,000
	内外装工事費	造作工事費用	¥2,000,000
	設備工事費	電話回線、ネット回線の取付費用	¥50,000
	空調工事費	空調、取付工事費	¥500,000
	厨房設備	厨房設備費用、取付費用	¥1,000,000
	音響設備	音響設備費用	¥50,000
	家具	テーブル、椅子、棚	¥400,000
小計			¥4,500,000
営業備品費	調理器具・食器	調理に必要な道具、お皿、カトラリー	¥150,000
	陳列什器・ショーケース類	看板やショーケースなど大きめの什器類	¥100,000
	POS・レジ・ユニフォーム	ショップカード、チラシ、レジキャッシャー、制服購入代	¥50,000
	消耗品	清掃道具、事務用品など	¥50,000
小計			¥350,000

内外装費が一番お金がかかることがわかる

・運転資金

運転資金	前払い金利	なし	¥0
	前払い給料	研修費用	¥0
	開店催事費	レセプション	¥150,000
	初回仕入費	商品、食品材料、消耗品	¥50,000
	運営資金	カフェ運営における緊急費（2カ月以上の運営費用）	¥1,300,000
小計			¥1,500,000
合計			¥7,550,000

自己資金	¥2,550,000
借入資金	¥5,000,000

見込めるお客様を確保しないままお店をつくってしまうと、リスクが大きい

物件の選び方や工事内容で、予算を抑えることは可能

Lesson

5

カフェ開業資金の調達方法

自己資金と借入資金

前ページの開業資金計画書を見て、「カフェを開業したいと思っていたけど、700万円なんてお金は用意できない！」と、あきらめないでください。実際、カフェを開業した人の6割以上が、自分で用意した「自己資金」と、銀行から融資などを受けて調達する「借入資金」を併用しています。

前ページの図では、自己資金が255万円。残りの500万円が借入資金となっています。

この借入資金を得る方法のひとつとして、銀行から融資を受けるという方法があります。

正しくお金を借りれば、怖くない

「借金をするなんて怖い」と思う方が多いかもしれませんが、飲食業に限らず、多くの企業が金融機関などから融資を受けて経営しており、融資を受けるのは悪いことではありません。

「無借金経営」という言葉があるので、融資は悪いことのように考えられがちですが、これも経営の手法のひとつです。

創業時の融資を受けるなら、日本政策金融公庫の創業融資制度があります。

日本政策金融公庫で借入をした際の金利は、1・8％程度と低金利です。しかし、店舗経営をはじめると、思わぬ形で売上の低迷が起こる可能性もあります。

自己資金ですべて補うのもひとつの方法ですが、万が一に備えて資金をプールしておくためにも、創業融資を有効活用することを検討してもいいでしょう。

日本政策金融公庫の融資に関しては、事業計画書が必要です。詳細は、5章で説明します。

資金調達のパターンは２種類

自己資金

自分の貯蓄などから資金をつくる。全額自己資金で開業する人もいるが、実際には自己資金をベースにして借入をする人が多い。

開業資金の３～４割くらいを自己資金として考えておくのが望ましい。

借入資金

家族や友人から資金を調達できる場合もあるが、銀行・信用組合などから創業融資を受けるケースが多い。

その中でも一番多いのが、金利が安い日本政策金融公庫の創業融資。返済額が、毎月の予算にプラスされる。

Lesson

6

実際の店舗の開業資金例

リアルな事例でイメージしてみよう

大阪市北区には、カフェの聖地と呼ばれる中崎町という場所があります。著者のカフェ開業専門スクール「カフェズライフ」もこの近くにあり、開業シミュレーションの授業の一環として、受講生が実際にカフェを開業し、現在も、カフェズライフの直営店舗として営業しています。

開業資金のことを、具体的にイメージしてもらうために、この直営店舗で実際に必要となった開業資金を公開します。

【店舗情報】

1階は、11坪で座席数12席。セルフサービスの店舗となっており、カフェを1人で運営したいという人にはピッタリのサイズ感だと思います。

2階は、9坪で客席のみ。座席数は16席確保することができました。こちらも、1人で運営できる小型のカフェのサイズです。

1階と2階を合わせると、店舗面積20坪で客席は28席。2人以上で運営する規模のカフェになります。

【開業資金】

開業資金は、物件取得費95万円、内外装設備費4６７万９０００円、営業備品費用28万５７４８円かかりました。

本章4項で紹介した事例よりも、内外装設備費が高くなっています。これは、単純に店舗面積が広いので想定内です。その代わり、物件取得費や営業備品費を抑えることができました。

物件取得費は不動産会社との交渉によって契約内容を有利に持っていくことができました。さらに、小さな金額だとあきらめずに、どうすれば営業備品費を抑えることができるかと受講生が考えて取り組んだ結果です。

カフェズライフ直営店舗の開業資金

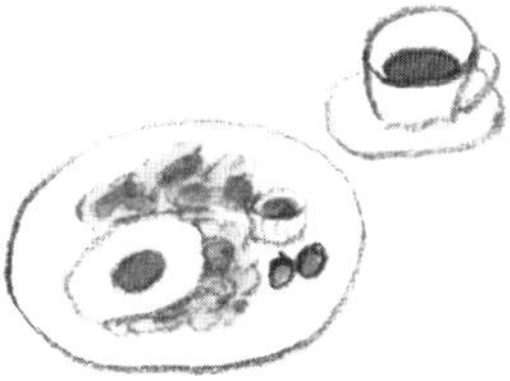

店舗情報

1階はセルフサービスの店舗
11坪　座席数12席
1人で経営するカフェの
ジャストサイズ

2階は客席のみ
9坪　座席数16席

このスペースが個人カフェの
小型バージョン

1・2階合計で20坪
客席28席
2人以上で運営するカフェの規模

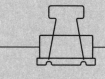

Chapter

4

長く続ける！

カフェ開業・運営のお金の基本

Lesson 1

カフェオーナーが持っておきたいお金の意識

▼カフェのお金の流れを意識しよう

あなたは、これから地域に愛される小さなカフェをつくり、お店のオーナーになります。ただ、お店をオープンするだけでは、意味がありません。カフェをオープンさせるということは、商売をはじめるということです。そして、商売をはじめるということは、お金を稼ぐということでもあります。

カフェを経営するためには、まずはカフェのお金がどのように回るのかを、知らなければいけません。普段から、きっちりとお金の管理をしているという人でも、これまでつけていた家計簿とはお金の流れも考え方も違うということを認識してください。

▼売上と給料の違い

これまでサラリーマンとして働き、会社から給料をもらっていた人は、これからはお金を支払う立場に変わることを理解しておきましょう。

こう言われると、「え？　売上さえ上げれば、お金は稼げるでしょ？」と思った方もいらっしゃるかもしれません。まず知っておきたいのは、売上のすべてがオーナーの給料ではないということ。そして、売上は毎月変動するということです。サラリーマンの給料と違って、カフェオーナーの給料は毎月の売上しだいなのです。

さらに、売上を上げるためにかかる費用は、自分で負担しなければいけません。売上が前月より増えたとしても、経費がそれ以上に増えていたら、オーナーの給料は減ってしまいます。

開業前に必ず、自分が暮らしていくのに必要な金額を計算しましょう。そして、そこに想定される経費を足して、必要な売上高を算出しておきましょう。その金額によっては、現在考えている開業プランを変更しなければいけない可能性もあります。

カフェオーナーの給料はお店の売上しだい

サラリーマン

- 固定のお給料をもらえる
- 有給休暇を取ることができる
- 休みを取るのに会社の許可が必要

経営者

- 売上をつくれるかどうかは自分の頑張りしだい
- 毎月、支払いがある
- 利益が出なければ収入にならない
- 働かなかった日は無給
- 休みを自分で決めることができる

家計簿

- 家計における収入と支出を記入
- 現金の動きを追う「現金主義」

簿記

- 資産や負債の増減を管理
- 財産を消費したときに費用とする「発生主義」

Lesson 2

実際に必要な開業資金を計算しよう

カフェによって資金額は変わる

「開業資金はいくらかかるの？」という質問に対して、一概にお答えすることはできません。なぜならば、開業資金はどんなカフェを開業するのか、どこで開業するのかなどによって変わってくるからです。

ここからは、「自分サイズのカフェ」を想定して、1人で開業する場合を基準に、10〜15坪くらいの店舗面積で、家賃が月12万円の物件を選んだケースとして解説します。

前章の「開業資金計画書」を見ながら、実際にあなたが理想とするカフェをオープンするためには、どれくらいの開業資金が必要なのかを見ていきましょう。

開業資金の内訳

開業に必要なお金は、大きく分けて3つあります。

・物件取得費……物件取得のための保証金や敷金、不動産手数料などです。

・内外装設備費……内装のデザインや設計、空調・厨房等の設備工事にかかる費用です。

・営業備品費……調理に必要な器具や食器、店舗を飾る什器や看板、従業員が使用するユニフォーム、会計を管理するPOSレジ、その他お店を営業するのに必要な備品にかかる費用です。

開業資金を抑えることは大事ですが、必要以上にコスト削減を考えると、魅力的なカフェをつくることはできません。予算的な制限がある中で理想のカフェをつくるためには、コンセプトにそって優先順位を考え、創意工夫していくことが大切です。

特に、内外装設備費と営業備品費のコストを抑えようとして低価格のものを使用すると、その後の集客や売上に影響が出るので、注意しましょう。

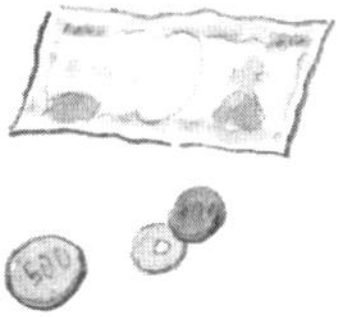

カフェ開業資金の例

・10 ～ 15 坪のカフェの開業資金計画書

大項目	中項目	内容	金額
物件取得費	保証金・敷金	家賃の 6 ～ 10 カ月分	¥960,000
	不動産手数料	仲介手数料（家賃の1カ月分）	¥120,000
	前払い家賃	施工期間の家賃	¥120,000
小計			¥1,200,000
内外装設備費	設計監理費	デザイン、設計費用	¥500,000
	内外装工事費	造作工事費用	¥2,000,000
	設備工事費	電話回線、ネット回線の取付費用	¥50,000
	空調工事費	空調、取付工事費	¥500,000
	厨房設備	厨房設備費用、取付費用	¥1,000,000
	音響設備	音響設備費用	¥50,000
	家具	テーブル、椅子、棚	¥400,000
小計			¥4,500,000
営業備品費	調理器具・食器	調理に必要な道具、お皿、カトラリー	¥150,000
	陳列什器・ショーケース類	看板やショーケースなど大きめの什器類	¥100,000
	POS・レジ・ユニフォーム	ショップカード、チラシ、レジキャッシャー、制服購入代	¥50,000
	消耗品	清掃道具、事務用品など	¥50,000
小計			¥350,000

・運転資金

運転資金	前払い金利	なし	¥0
	前払い給料	研修費用	¥0
	開店催事費	レセプション	¥150,000
	初回仕入費	商品、食品材料、消耗品	¥50,000
	運営資金	カフェ運営における緊急費（2 カ月以上の運営費用）	¥1,300,000
小計			¥1,500,000
合計			¥7,550,000

自己資金	¥2,550,000
借入資金	¥5,000,000

Lesson 3

カフェ開業に必要な3つの資金

物件が取得できたら、すぐに内外装の工事や設備の準備に取りかからないと、前払家賃が余計にかかってしまうことになります。

どんな内装にしたいかは、物件を取得する以前に考えていると思います。そこで、設計士や設計施工事務所に自分の理想とする店舗のイメージを伝えて、物件に合った設計・デザインを作成してもらいます。85ページの例では、設計費用を50万円としています。

設計やデザインが固まったら、建築会社に工事を依頼します。建築会社は、設計事務所から紹介されることが多いですが、予算を抑えるために自分の知人に頼むケースもあります。そのため、造作工事の費用は案件によって違ってきますが、ここでは相場の200万円としています。

さらに、建築工事が終われば、電話回線、ネット回線の取付などの設備工事に5万円、エアコンや換

▼ 物件取得費

賃貸で店舗を借りようと思ったとき、住宅よりも保証金や敷金が高く設定されていることがほとんどです。物件を借りて商売をするのですから、それだけの保証が必要だということです。

物件の保証金・敷金は、賃料の6~10カ月分が相場です。85ページの例では、賃料の8カ月分の96万円です。そして、賃貸契約をするには、不動産業者に支払う仲介手数料が必要です。相場は賃料の1カ月分なので、12万円が必要です。

さらに、工事期間中も賃料は発生するので、前払家賃も必要です。これが、約1カ月かかるとして12万円。これらを合計して、物件取得費は120万円になります。ただし、保証金や敷金・礼金、不動産手数料などは、交渉できる場合もあります。

▼ 内外装設備費

気扇など空調機器の購入と設置工事に50万円、厨房設備の導入や取付費用に100万円程度かかります。

その他にも、音響設備をつけたとして5万円、食事をするためのテーブルや椅子などの家具の購入に40万円を使った場合、内外装設備費は合計で450万円になります。内外装設備費は、開業資金の中でも、一番コストがかかってしまう部分です。しかし、ここを削ることは難しく、下手に費用を抑えようとすると、あとになって後悔することも出てくるでしょう。内外装設備費は、一番お金をかけなければいけない費用でもあるのです。

営業備品費

調理に必要な器具や食器、ナイフ、フォーク、スプーンなどのカトラリーをそろえるのに15万円、看板やショーケースなど店舗の装飾に必要な什器類に10万円、消耗品として、集客につなげるためのポイントカードやチラシ、会計をするためのPOS・レジや制服に5万円、掃除に必要な清掃道具や注文を控えるための伝票、ボールペンなどの事務用品に5万円、これで営業備品費の合計は35万円になります。

営業備品費は、コストを抑えようと思えば、簡単にアイデアが出せる部分です。全体的に見ると、そこまで大きなコストカットにはならないかもしれませんが、長期的な経営を考えたら小さな積み重ねが大事になります。

見込みをきちんと計算しておく

以上、10～15坪のカフェのケースを例に見てきましたが、およそ600万円前後の開業資金が必要であることがわかります。しかも、この金額は開業までに必要なものであり、開業前に確保しておきたい運転資金は含まれていません（詳しくは次項）。

お客様の見込みがないまま、先に理想だけを追ってお店をつくってしまうと、経営的なリスクが高まってしまうことを理解していただけたでしょうか。

カフェ開業に必要な資金

①物件取得費　店舗を借りるために必要な資金

項目名	詳細	目安
保証金・敷金	貸主に預けるお金。一部返却。減額交渉可	家賃の6～10カ月分
不動産手数料	仲介手数料	家賃の1カ月分
前払い家賃	施工期間の家賃	1～2カ月分

工事期間も家賃は発生します。

②内外装設備　店舗の「ハコ」づくりに必要な資金

項目名	詳細	目安
設計監理費	デザイン、設計費用	内外装工事費の10～15%
内外装工事費	造作工事費用	坪あたり20～30万円
設備工事費	電話回線、ネット回線の取付費用	約5万円
空調工事費	空調取付工事費用	埋め込み式＝20坪で100～150万円
厨房設備	厨房設備費用、取付費用	※1 内容による
音響設備	音響設備費用	5万円前後～
家具	テーブル、椅子、棚	※2 内容による

※1　物件（スケルトン、居抜き）によっても変わります。
※2　DIYなどセルフビルドで予算を抑えることもできます。

・工事費は知人に依頼して費用を抑えることも。
・各種設備の取付費用なども想定して予算を組みましょう。

③営業備品　営業に必要な備品、消耗品、製作物

項目名	詳細	目安
調理器具・食器	調理に必要な道具、お皿、カトラリー	
陳列什器・ショーケース類	看板やショーケースなど大きめの什器類	
POS・レジ・ユニフォーム	ショップカード、チラシ、レジキャッシャー、制服購入代など	※3 内容による
消耗品費	清掃道具、事務用品など	5万円前後

※3　POSの場合、100万円～。ただし、最近ではタブレットとアプリを使用したクラウド型も充実しています。

アイデアしだいでコストカットが可能に。楽しみながら工夫しましょう！

Lesson

4

カフェ運営に必要な資金

運転資金とは

さて、「開業資金計画書」を見ていただいたらわかるように、開業資金の下に「運転資金」という欄が設けられています。カフェを開業するためには、開業資金だけではなく運転資金を忘れてはいけません。

「開業資金」と「運転資金」は、何が違うのでしょうか。開業資金は、開業のための準備に必要な資金です。運転資金は、開業後に店舗を運営していくために必要な資金です。

このケースでいうと、運転資金の内訳は、初回の仕入費用として5万円、そしてお世話になった方へのお披露目や開店のPRを兼ねたレセプションを開催するための費用15万円、さらに運営における緊急費として2カ月以上の運営資金を準備しています。

予定通り準備が進み、お店をオープンしてからも順調に売上が上がるのであれば、運営資金を用意しておく必要はないかもしれません。しかし、「工事期間が思った以上にかかってしまった」「開業後、思っていたよりも売上が上がらなかった」ということは、珍しいことではありません。

特に、オープン初月から3カ月間は、オープン時の需要にも振り回されて、売上が安定しないことがほとんどです。身に覚えのない風評被害や災害、ウイルス感染防止の影響など、予知できない理由で飲食店の売上に打撃を与えることもあります。開業当初は何が起こるかわかりません。そこで、何が起こっても運営できるよう資金をプールしておくことが大事です。

カフェを開業するには、開業資金の605万円に運転資金の150万円を加えて、755万円が必要になることが見えてきましたね。

カフェ運営に必要な運転資金

運転資金　店舗を続けていくのに必要な資金

項目名	詳細
前払い金利	開業前から発生する金利
前払い給料	スタッフの給料
開店催事費	レセプション
初回仕入費	商品、食品材料、消耗品
運営資金	カフェ運営における緊急費 (2 カ月以上の運営費用)

オープンから3カ月は売上が不安定。できれば、3~6カ月分の生活費を、運営資金として確保しておきましょう。

予備費

予定外の支出のために準備しておく資金

開業経費

開業のためにかかった経費
→開業後に経費として処理できる

オープン後に買い足すものもたくさん！急な出費もあります。開業資金の詳細を理解して、予算を抑える工夫をしていきましょう。

Lesson 5

売上・経費・利益、キャッシュフローの基本

法律上の計算と手元に残るお金の計算

運営資金は、カフェを経営するうえで、これからずっと必要になるものです。

運営資金は、利益やキャッシュフローから捻出されるものという意味を理解できていなければ、運営資金を捻出するどころか、あなたの生活費をいつまでもつくれないお店になってしまいます。

利益とは？

帳簿上で、売上からさまざまな経費を引いて残ったお金のこと。自分やスタッフの生活の質の向上、事業拡大、不確定要素に備えるために必要なお金でもあります。利益を出す計算式は、次のとおり。

売上－経費＝利益

ここで計算する利益とは、法律上計算しなければいけないお金のことです。「売上」は使っていいお金ではなく、あなたの給料でもありません。

キャッシュフローとは？

利益がわかれば、キャッシュフローも計算できます。キャッシュフローとは、帳簿上の利益ではなく、実際に手元に残る現金のこと。

利益－税金＋減価償却－借入返済＝キャッシュフロー

キャッシュフローは、生活するために必要なお金であり、利益が出ることと、手元にお金が残ることとは別です。この式に入っている税金は年に1回、借入返済は月に1回必ずやってきます。減価償却とは、内装工事や設備などの固定資産取得費用を耐用年数に応じて費用配分したものです。

カフェオーナーは、売上や利益だけではなく、キャッシュフローと通帳の残高を管理できるようにならなければいけません。お店を創業した段階で、個人の通帳とカフェのお金の通帳を分けましょう。

利益とキャッシュフロー

利益とは？

売上 − 経費 ＝ 利益

法律上、計算しないといけないお金

キャッシュフローとは？

利益 − 税金 ＋ 減価償却 − 借入返済
＝ キャッシュフロー

カフェ運営や、生活するために必要なお金

POINT

利益が出ることとお金が残ることは別

売上や利益は「使っていいお金」ではありません。
大事なのは、「通帳にいくら貯まっていくか」。
計算したお金と、通帳に残っていくお金を管理することで、無駄なお金を使わなくなります！

Lesson

6

売上と利益の仕組み

月の売上高の計算式

カフェの売上は、お客様からいただく代金がメインになります。1カ月の売上高は、売上予測で算出します。その際の計算方法は、

客席数×客席回転率（回転数）×客単価×営業日数

飲食業の場合、お客様からの反響は翌月以降に表れてくると考えられています。前月の反省をもとに、今月対策を考えたとしても、その効果を感じられるのは次の月になります。

対策を後回しにすればするほど、売上も下がったままになるということです。これは、サラリーマンだった人には経験できない感覚だと思いますが、この安定しない売上と向き合っていくことが、カフェの運営には不可欠なのです。

売上は月内で取り戻そう

利益は、売上から経費を引いたものだとお伝えしました。売上の状況を見ながら、使う経費を調整していかなければ、利益は圧迫されてしまいます。

月の途中で現状を理解し、月末までに対策を立てながら攻めていく。個人店は、方向転換が比較的しやすく、気軽にできることが強みでもあります。

具体的には、キャンペーンやイベントを行なって客単価を上げたり、提供スピードが速いメニュー開発で回転数を上げるといった改善策が考えられます。

ここで忘れてはいけないのが、「**顧客の満足度を向上するために、何を提供したらいいのか？**」を考えること。もちろん売上も大事ですが、多数のカフェがある中で、あなたのカフェに来ていただいたお客様に、いつも感謝の気持ちを持って、よりよいサービスやメニューを提案し続けることがカフェオーナーの仕事です。

毎月の売上予測を計算！

売上予測（月商）＝客席数×客席回転率（回転数）×客単価×営業日数

（例）

客席数 15 席、 客単価 1,000 円（税抜）、
回転数2回、 営業日数 25 日のカフェ

15 席× 1,000 円×2回× 25 日＝ 750,000 円（税抜）

Point：客単価と売上予測は、 税込・税抜をそろえること

客単価を設定すれば、売上予測が立てやすい

・地域の他店と比べて、適正な価格かどうか？
・毎月の売上目標をクリアできるか？

改善策 ↓

客単価を上げる

◎たくさん注文してもらう工夫
◎質を上げて、高くても注文してもらえる工夫

回転数を上げる

◎テイクアウト用の容器を使う
◎着席から提供までのスピードアップ

Lesson

7

固定費と変動費と経常利益

変動費と固定費

カフェ運営にかかる経費は、営業に必要な経費である「変動費」と、毎月固定してかかる「固定費」に分けて考えます。

変動費は、店舗の運営開始後に発生する費用のことです。カフェのメニューを提供するための食材原価（F：フードコスト）、自身やアルバイトなどの人件費（L：レーバーコスト）、そのほか店舗の営業に関わる費用です。水道光熱費、広告宣伝費、事務用消耗品費、通信費、旅費交通費、衛生管理費などが含まれます。

固定費は、主に家賃（R：レント）など、基本的に一定の金額のもので、お店を開けていない日も発生するコストです。厨房機器などのリース代、初期に購入した机や椅子、棚・装飾等の減価償却費もここに入ります。

最初から固定費は低く設定しておこう

売上から経費（変動費＋固定費）を引いた残りが利益となり、これが最終的な経常利益と呼ばれるものです。

つまり、売上から経常利益と固定費を差し引いたものが変動費であり、売上から変動費を差し引いて出る利益を変動利益といいます。

変動費の数字によって、変動利益は変わります。変動費をいかに抑えられるかが、コスト削減の指標にもなります。

ただし、変動費は売上によって変わるので、調整が難しいため、最初から固定費を少しでも低く設定しておくことが、負担を減らすポイントであることがわかります。

売上と利益の仕組み

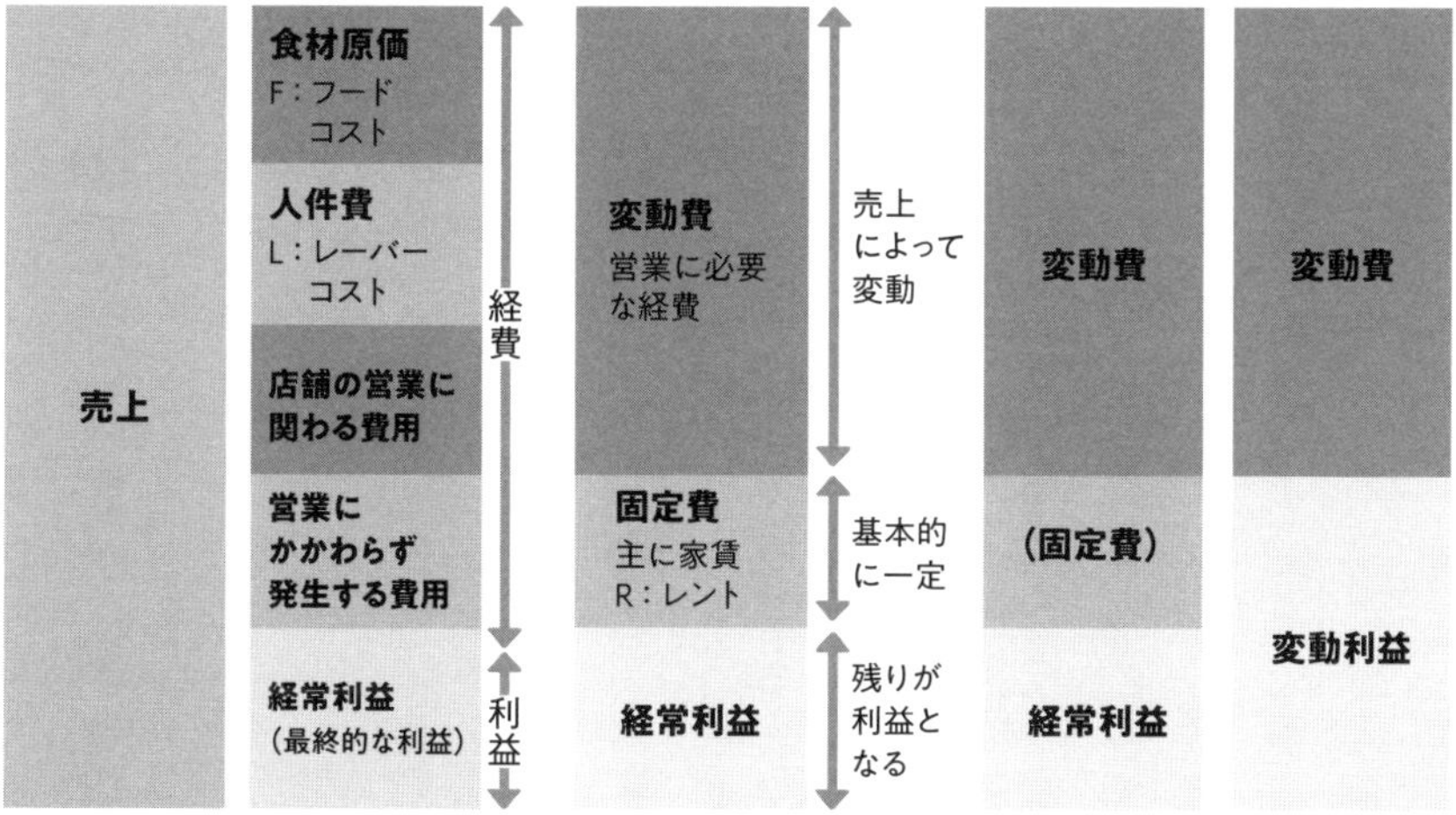

変動費：

売上＝来客数で使用額が変わる経費

固定費：

お客様の人数に関係なく同額の経費

売上から変動費（営業に必要な経費）を差し引いたものが変動利益。変動利益から固定してかかる経費を差し引いた分が最終的な利益となります。

つまり、固定費を低く設定できれば、カフェ運営はしやすくなります。

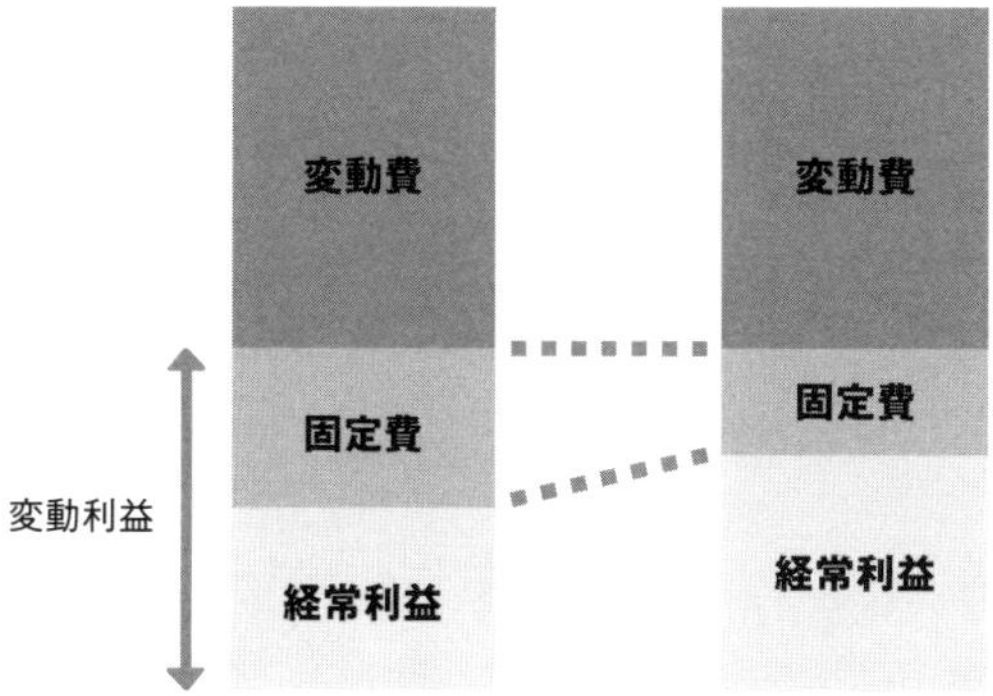

Lesson

8

損益計算書で判断基準を知ろう

カフェ経営の3つのコツ

カフェを営業しているうちは、どんどん変動費が膨れ上がっていきます。

カフェを経営していくコツは3つ。

・売上の状況を常に確認しておくこと
・変動費をコントロールすること
・固定費を低く設定してリスクを回避すること

変動費をコントロールすることは簡単ではありませんが、左ページに「損益計算書（P／L）」の理想比率の例を紹介するので、参考にしてください。

損益計算書からわかること

「損益計算書」とは決算書のひとつで、1年間のお店の経営成績を表すものです。ここで記した経費を、変動費と固定費に分けて考えると、とてもわかりやすいです。

左ページの損益計算書は、平均的な経費の使い方を比率にして表しています。この比率をベースにすれば、経費のバランスをコントロールできるはずです。

ここでは、売上高を100％として、最終的に経常利益が13％残るように計算しています。固定費の家賃やリース料（R）は14％、減価償却費は5％で設計しましょう。家賃比率が10％になると、さらに理想的です。減価償却費とは、建物・設備等の有形固定資産について、耐用年数に応じて配分した費用のことです。

変動費は原材料費（F）が30％、人件費（L）が25％、その他かかる経費を13％で考えていきます。

損益計算書を見てわかるのは、変動費となる経費の種類が多いということ。これらは、経理の帳簿をつける際の勘定科目にもなります。しっかりと理解しておきましょう。

帳簿をつける際の勘定科目にもなるので、しっかり理解しましょう。

損益計算書の理想比率

	適正値	勘定項目	詳細
売上高	100.0%	**売上高**	売上予測で算出した売上高（売上高＝客席数×客席回転率×客単価×営業日数）
変動費	30.0%	**原材料費（Food）**	料理、食材などの原価
	25.0%	**人件費（Labour）**	社員給与、アルバイト給与、通勤交通費や食費、福利厚生費などの人件費
	13.0%	**諸経費**	水道光熱費、物件費、販促費、雑費を含めた総称
		(1) 水道光熱費	水道代、電気代、ガス代
		（ガス代）	ガスの使用代金
		（電気代）	電気の使用代金
		（水道代）	水道の使用代金
		(2) 物件費	店舗、物件を維持するための費用
		（消耗備品費）	使用に応じて消耗していくもの。トイレットペーパー等。10万円以下が目安。
		（事務用品費）	鉛筆やボールペン、紙やマジック等、事務用品を仕分けする科目
		（修繕費）	固定資産を元の状態へ戻すために行なった修理代
		(3) 販売促進費	広告宣伝費や販売促進費
		（広告宣伝費）	不特定多数に向かって行なった広告代
		（接待交際費）	接待や饗応、贈呈で支出した費用を処理するための科目。開店祝い、ご祝儀、餞別等。取引先への慶弔金も含む
		（寄付組合費）	都道府県、町の組合費用
		(4) 管理費	下記項目の総称
		（旅費交通費）	通勤定期代、出張旅費、時間駐車場代、高速道路代
		（通信費）	切手代、電話代、インターネット接続料、携帯電話代
		（租税公課）	税務署や地方公共団体が発行した納付書によって収める税金の支払いを仕分ける科目
		（研究開発費）	新製品を開発するための費用、材料代などを処理する科目
		（支払保険料）	店舗等火災保険
		（福利厚生費）	従業員の慰安や事業主が負担すべき従業員の健康保険、厚生年金、雇用保険などの保険料や掛金など
		（車両費）	車両を所有し、それにかかった経費。ガソリン代、自動車税
		（クリーニング費）	制服やテーブルクロスなどの洗濯およびクリーニング費用
		（衛生費）	清掃業者などへの依頼料
		（雑費）	どこの科目に処理してよいかわからない小額の科目
		（顧問料）	会計事務所・弁護士・司法書士・社会保険労務士等の顧問料
固定費	14.0%	**家賃**	物件の賃料
		家賃公益費	共益費、管理維持費
		リース料	設備、備品のレンタル費用
	5.0%	**減価償却費**	建物、設備といった有形固定資産の耐用年数に応じて費用配分をしていくこと（法人は定率法）
利益	13.0%	営業外利益（雑収入）	店の営業活動以外で得た利益（例:保有する株式や有価証券の配当、また賃貸収入など）
		営業外費用（雑損失）	店の営業活動以外でかかった費用（例：借入金の支払利息や受取手形の割引費用など）
		経常利益高	営業利益に「営業外利益」をプラスしたうえで、そこから「営業外費用」を引いて算出
		税引前利益	経常利益に「特別利益」をプラスしたうえで、さらに「特別損失」を引いて算出した利益
税金		**税金**	法人税、住民税など　※税引前利益から引く
キャッシュフロー		**当期純利益**	最終的な儲け（キャッシュフロー） ※税引前利益から税金を引いた残った金額が純利益

Lesson

9

カフェの健康を維持する損益分岐点とは？

損益分岐点がわかれば対策が見えてくる

損益計算書は、あなたのお店の健康診断表のようなものです。そして、あなたのお店の健康を維持するための指標となるのが、「損益分岐点」です。

損益分岐点とは、経営状況を把握するための管理会計上の概念のひとつです。会社の利益がゼロになる売上高のことで、赤字にも黒字にもならない「売上＝経費」の状態です。

「損益分岐点売上高」を把握しておこう

どれだけの売上を実現すれば利益が出るのでしょうか。それがわからない状態で、ただひたすらに売上を上げようと努力するのは、とても大変なことです。まずは、「この売上を超えたら利益が出る」という明確な金額を把握しておくことが大事です。その指標が「損益分岐点売上高」です。

損益分岐点売上高は、計算して出すことができます。まずは、商品1個あたりの利益を出します。

・販売価格－原価＝商品1個あたりの利益

そして、必要な固定費を得るためには、その商品を何個販売すればいいのかを考えます。

・固定費÷利益＝販売個数

販売価格と、利益を出すために必要な販売個数がわかれば、損益分岐点売上高が算出できます。

・販売価格×販売個数＝損益分岐点売上高

開業前は、あくまでも仮定の損益分岐点にはなりますが、自分のプランの損益分岐点がいくらなのかを算出しておくと家賃や借入金額が適正かどうかを判断するときに参考にできます。

カフェを開業する前に、経営的計画を何度もシミュレーションしながら設計しておくことは、安定した経営をするためにとても大切なことです。

損益分岐点とは

Q. 損益分岐点について、まずは例題で考えてみましょう。

1個60円で仕入れた商品を100円で売っています。この商売をするのに1カ月100万円の経費（固定費）がかかるとすると、利益を生み出すには最低いくらの売上高が必要でしょうか？

①1個あたりの利益を計算する

100円−60円=40円（販売価格−原価=商品1個あたりの利益）

②固定費100万円を得るための販売個数を求める

100万円÷40円=25,000個（固定費÷利益=販売個数）

③販売価格×販売個数=損益分岐点売上高

100円×25,000個=250万円

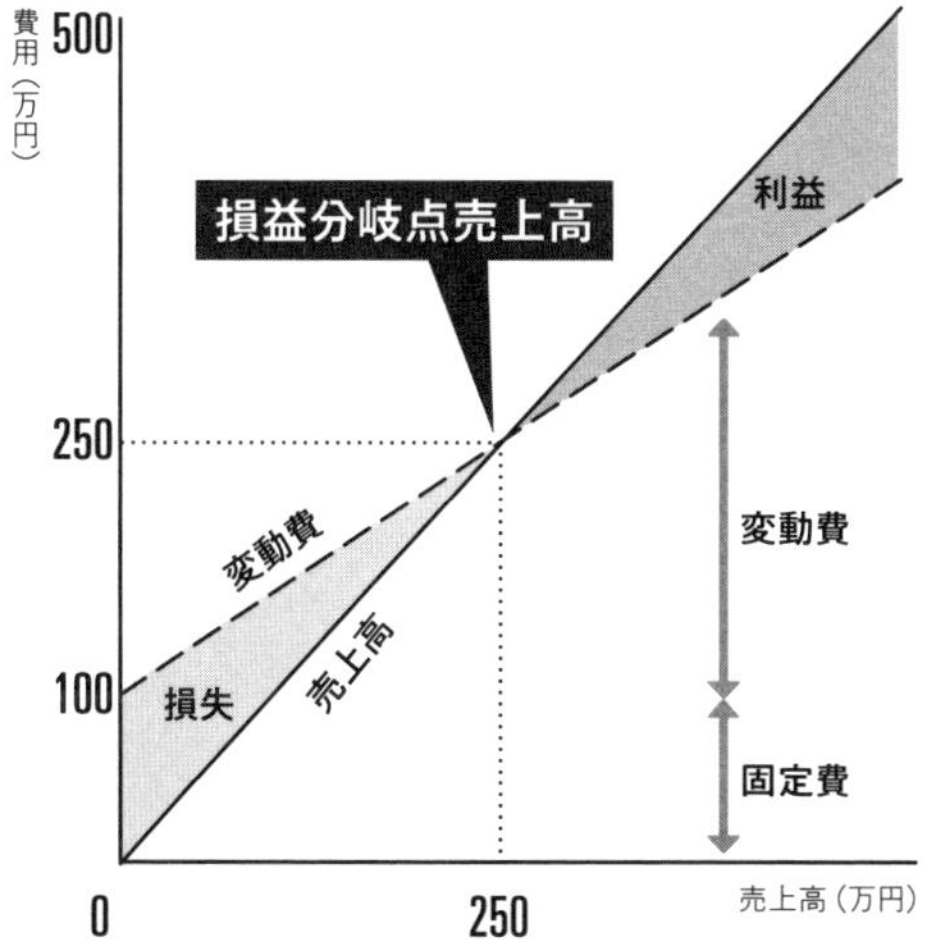

POINT

固定費が回収できる、売上高250万円が損益分岐点になることがわかります。つまり、250万円以上の売上になれば利益が出るということです。

Lesson

10

あなたのカフェのビジネスモデル

損益計算書で「FLR」を算出

では、実際に、あなたのお店の損益分岐点を計算して出してみましょう。

ここでは、理想の経費比率が入った「損益計算書」（99ページ）を使って、変動費と固定費を計算します。

次のようなランチ・カフェ・ディナーを提供するお店をサンプルとして説明していきます。

- 坪数　9～14坪
- 営業日数　26日／月
- 営業時間11時～21時（10時間）
- 従業員1名（オーナーのみ）
- 座席数　13～20席
- 平均来店数　975名／月
- 客単価　900円
- 平均売上目標　87万7500円

損益計算から見える理想のビジネスモデル

売上予測で算出した売上高87万7500円を100％として考えます。そして、損益計算書を使って算出したお店の経費（変動費・固定費）をコントロールすることで、どれだけ利益が出せるかを確認します。左ページでは、13％の経常利益が残せるように計算しています。コストの中でも、商品やサービスの提供に大きな影響を与える原材料費・人件費については、理想の比率を参考にしてください。

ここまで数字が出せたら、あとは他のコストにどれだけの金額が使えるかが見えてきませんか？　あくまでも予測ではありますが、これを把握しておけば、無駄なコストを省くこともできるはずです。

ここで算出した損益計算は、あなたがカフェを運営するための理想のビジネスモデルとなります。これを参考に、健康的な経営を目指しましょう。

カフェビジネスモデル・サンプル店の損益計算書

・基本とするカフェビジネスモデルの店舗データ

大項目	項目	詳細	項目	詳細
店舗データ	坪数	9～14坪	座席数	13～20席
	営業日数	26日／月	定休日	週休1日、隔週2日
	営業時間	11～21時（10時間）	営業スタイル	ランチ、カフェ、ディナー営業
	従業員	1名（自分のみ）	客単価	900円
	来店数／日	30～45名	売上目標／日	27,000～40,500円
	来店数／月	780～1,170名	売上目標／月	702,000～1,053,000円
	平均来店数／月	975名	平均売上目標／月	877,500円

・基本とするカフェビジネスモデルの損益計算（PL）

※ PL＝Profit and Loss statement の略

大項目	中項目	内容	金額	%
収益	売上／月	売上目標で算出した売上高（売上高＝客席数×客席回転率×客単価×営業日数）	877,500円	100%
損失	原材料費（F）	料理原価、食材原価など	260,000円	30%
	人件費（L）	社員給与、アルバイト給与、通勤交通費や食費、福利厚生費など	220,000円	25%
	水道光熱費	水道代、電気代、ガス代	45,000円	5%
	販売促進費	広告宣伝や販売促進にかかる費用	25,000円	3%
	諸経費	事務用品や消耗品にかかる費用	45,000円	5%
	地代・家賃	物件の賃料、共益費、管理維持費	120,000円	14%
	減価償却費／リース／保険等	建物、設備といった有形固定資産の耐用年数に応じて費用配分	50,000円	6%
利益	経常利益		112,500円	13%

変動費（原材料費～諸経費）
固定費（地代・家賃～減価償却費／リース／保険等）

原材料費や人件費など、主要な経費の売上比率をコントロールするための理想の比率

経常利益が13%残るように計算

Lesson 11

損益分岐点客数と損益分岐点売上高

損益分岐点客数を出す

それでは、月間の平均売上目標を87万7500円として、計算していきましょう。

原材料費（F）は30％で26万円、人件費（L）は25％の22万円、その他諸経費は13％で11万5000円。固定費（R）は、家賃が14％、リース代・減価償却費6％で、合計17万円となります。

次に、損益分岐点客数で、利益を出すために必要な客数を出します。

計算式は、次のとおり。

固定費÷1人あたりの利益（変動利益単価）＝損益分岐点客数

まず、変動利益単価を出します。

変動費は、（F）＋（L）＋諸経費＝59万5000円で、売上全体の68％を占めています。つまり、このお店の客単価900円のうち、68％の612円が変動費単価、288円が変動利益単価と計算できます。

固定費17万円÷288円＝590人で、損益分岐点客数は590人です。

損益分岐点売上高を出す

次に、損益分岐点売上高を出します。

損益分岐点売上高計算シートに従って計算することで、損益分岐点売上高だけではなく、必要経常利益率売上高、必要経常利益額売上高、返済額を含む必要売上高も出すことができます（106・107ページ参照）。

損益分岐点を出したら、実際にどのような状態であるかを確認しましょう。

損益分岐点はあくまでも指標であり、私たちが目指すのは経常利益目標です。

損益分岐点客数と損益分岐点売上高

・基本とするカフェビジネスモデルの損益計算（PL）

		金額	構成比	客数		構成比
売上高		877,500 円		客単価	900 円	
変動費合計		595,000 円	68%	変動費単価	612 円	68%
変動費	原材料費（F）	260,000 円	30%			
	人件費（L）	220,000 円	25%			
	諸経費合計	115,000 円	13%			
変動利益		282,500 円	32%	変動利益単価	288 円	32%
固定費		170,000 円				
経常利益		11,2500 円				

固定費 ÷ 1人あたりの利益（変動利益単価）＝ 損益分岐点客数

170,000円 ÷ 288円 ＝ 590人

損益分岐点売上高計算シート

【1】開業計画書の各設定数値

①原価率（F）	30.0%
②人件費率（L）	25.0%
③諸経費率	13.0%
変動費率（①+②+③）	68.0%
固定費率	20.0%
固定費額（R）	¥170,000

損益分岐売上高	531,250円／月
必要経常利益率売上高	1,000,000円／月
必要経常利益額売上高	1,000,000円／月
返済額を含む必要売上高	843,750円／月

【2】損益分岐売上高の計算

変動費率	68.0%
固定費額	¥170,000
計算式	¥170,000　÷　（1－68.0%）＝　¥531,250／月
損益分岐点売上高	**¥531,250円／月**

変動比率

【3】必要経常利益率 (15%) を目標とした場合の、必要売上高

変動費率	68.0%
固定費額	¥170,000
目標経常利益率	15.0%
計算式	¥170,000 ÷ （1－83.0%） ＝ ¥1,000,000 円／月
必要売上高	**¥1,000,000 円／月**

変動比率＋目標経常利益率

【4】必要経常利益額 (15 万円) を目標とした場合の、必要売上高

変動費率	68.0%
固定費額	¥170,000
目標経常利益額	¥150,000
計算式	¥320,000 ÷ （1－68.0%） ＝ ¥1,000,000 円／月
必要売上高	**¥1,000,000 円／月**

固定費額＋目標経常利益額

【5】借入返済額を加味した場合の、必要売上高

変動費率	68.0%
固定費額	¥170,000
目標経常利益額	¥50,000 ※必要な金額（税金 50%）⇒ ¥100,000
計算式	¥270,000 ÷ （1－68.0%） ＝ ¥843,750 円／月
必要売上高	**¥843,750 円／月**

固定費額＋税金を含む必要返済額

POINT

サンプル店を参考に、あなたのお店の目標を計算してみてください。経営では、損益分岐点を目標にするのではなく、経常利益目標を設定しましょう。

Lesson

12

日次資金繰り表・計数カレンダーで数字を管理する

日次資金繰り表で毎日の数字を管理

お店の状況は日々変化します。そこで、日次資金繰り表を使って、数字を毎日管理しましょう。

日次資金繰り表とは、支払いをしなければならないときに、必要な現金を用意するための現金の流れを表にしたものです。

カフェは基本的に「売上は現金払い」「経費は掛払い」なので、他業種に比べると比較的、資金繰りは楽だといえます。しかし、その分、手元に現金があるように錯覚してお金を使ってしまい、月末の支払い時に現金が足りないということが起こったりします。そうした状況にならないよう、資金繰り表を活用して、経費は該当月の売上で支払うようにしましょう。

計数カレンダーで月の数字を管理

月末までに改善点があれば、月内で対策を実施していきましょう。日次目標と月次目標を管理していくのに活用できるのが、「計数カレンダー」です。

計数カレンダーには、1日あたりの目標客数、目標売上、累計客数、累計売上を書き込んでいきます。まずは平均値の記入からはじめてもいいでしょう。

日割り予算ができたら、毎日、日割り実績をつけていきましょう。そうすると、「予算対比」が見えてきます。日単位だと天候などに左右されることも多いので、週単位での予算管理をおすすめします。今月は客数が足りないのか、客単価が下がっているのかなど、手を打つべきポイントが見えてきて、具体的なアクションや成果につながります。

このPDCAを何度も経験することで、オーナーとしてのスキルが格段に上がります。また、1年分の計数カレンダーは、翌年の目標設計や具体的な対策の精度向上に役立つツールとなります。

日次資金繰り表の例

日付	4月1日	4月2日	4月3日	4月4日	4月5日	4月6日	4月28日	4月29日	4月30日
曜日	月	火	水	木	金	土	日	月	火
前日繰越									
売上	0	0	0	0	0	0	0	0	0
仕入	0	0	0	0	0	0	0	0	0
経費等	0	0	0	0	0	0	0	0	0
給与									
家賃									
消耗品費									
交際費									
税金支払									
借金返済									
その他入金	0	0	0	0	0	0	0	0	0
その他入金	0	0	0	0	0	0	0	0	0
翌日繰越	0	0	0	0	0	0	0	0	0

カフェの売上や仕入れは日々変動します。面倒でも、毎日の数字管理が黒字経営のカギ

月間目標売上：3,037,500 円

金		土		日		週平均	
2 曇り 70 94,500 130 175,500	雨 68 93,840 140 194,640	**3** 雨 80 108,000 210 283,500	雨 73 102,930 213 297,570	**4** 雨 70 94,500 280 378,000	雨 64 94,080 277 391,650	70 94,500 1,350	69.25 97,913 1,414
9 曇り 110 148,500 630 850,500	曇り 132 193,040 655 910,920	**10** 晴れ 130 175,500 760 1,026,000	曇り 152 186,960 807 1,097,880	**11** 曇り 130 175,500 890 1,201,500	曇り 148 187,960 955 1,285,840	87.14 117,643 1,350	96.86 127,741 1,319
16 曇り 70 94,500 1,160 1,566,000	晴れ 72 102,240 1,221 1,626,490	**17** 晴れ 80 108,000 1,240 1,674,000	曇り 91 129,220 1,312 1,755,710	**18** 晴れ 70 94,500 1,310 1,768,500	晴れ 83 109,560 1,395 1,865,270	87.14 117,643 1,350	87.14 117,643 1,350
23 70 94,500 1,620 2,187,000		**24** 80 108,000 1,700 2,295,000		**25** 80 108,000 1,780 2,403,000		60 81,000 1,350	62.86 82,776 1,317
30 85 114,750 2,165 2,922,750		**31** 85 114,750 2,250 3,037,500					

実績から目標を引いた数値がマイナスになる場合、その数値が月末までに取り戻しが必要な数値となる

週単位に動きを見ていくと、翌週から月末までの対策が立てやすくなってくる。客数減、売上目標減、客単価減などをチェック！

日にち

日にち　前半天候	後半天候
目標客数	実績客数
目標売上	実績売上
目標累計客数	実績累計客数
目標累計売上	実績累計売上

週平均

目標客数平均	実績客数平均
目標売上平均	実績売上平均
目標客単価平均	実績客単価平均

7月

月		火		水		木	
						1 晴れ 60 81,000 60 81,000	曇り 72 100,800 72 100,800
5 晴れ 60 81,000 340 459,000	曇り 62 84,940 339 476,590	**6** 晴れ 60 81,000 400 540,000	晴れ 64 88,320 403 564,910	**7** 雨 60 81,000 460 621,000	曇り 59 76,110 462 641,020	**8** 雨 60 81,000 520 702,000	曇り 61 76,860 523 717,880
12 晴れ 50 67,500 940 1,269,000	晴れ 55 66,510 1,010 1,352,350	**13** 曇り 50 67,500 990 1,336,500	曇り 56 66,640 1,066 1,418,990	**14** 曇り 50 67,500 1,040 1,404,000	雨 40 52,800 1,106 1,471,790	**15** 雨 50 67,500 1,090 1,471,500	雨 43 52,460 1,149 1,524,250
19 60 81,000 1,370 1,849,500		**20** 60 81,000 1,430 1,930,500		**21** 60 81,000 1,490 2,011,500		**22** 60 81,000 1,550 2,092,500	
26 75 101,250 1,855 2,504,250		**27** 75 101,250 1,930 2,605,500		**28** 75 101,250 2,005 2,706,750		**29** 75 101,250 2,080 2,808,000	

予算設定は、最初わからない場合は、月次売上目標の平均でもOKです。まずは実施してみることが大事！

実施内容

- 9～11日 スイーツセットワンコイン(500円)、ドリンク半額、物販オール100円デー →ご近所2,500軒にチラシ配布
- 客単価がイベントにより若干落ちているため、後半はショートポーションメニューの推奨を実施する

結果

- チラシ回収220件、反響率8.8%

○×

◎

月内に取り組んだ内容を文字情報で残しておくと、数値と比較して成功したのかどうかの判断がつきやすくなる。必ず、結果を文字で残しておこう

Lesson

13

あなたのお店を守るためのお金

キャッシュフロー＝手元に残るお金

　ここまで、売上や利益を見ながら、カフェの経営に必要なお金の流れを見てきました。しかし、本章の冒頭でもお伝えしたとおり、売上、利益、経費などは法律上計算しないといけないお金のことです。実際には、カフェオーナーが生活するためのお金を、手元に置いておけるようにしなければいけません。

　利益から、税金や借入の返済など、経費ではないものを差し引き、オーナーの手元に残るお金の流れを**キャッシュフロー**といいます。

　借入返済とは、開業したときに銀行から融資してもらったお金や、家族・親戚から出してもらった資金の返済にあてるお金です。

後になって慌てないようにしたい税金対策

　そして、税金も忘れてはいけません。

　カフェオーナーの中には、創業当初に税金のことを考えずにカフェの運営を行ない、後になって税金の請求がきて焦ったという話をよく聞きます。

　とにかく、最初が肝心。難しそうだ、面倒だと後回しにすることなく、カフェ経営に必要な税金の知識や情報について勉強して、最低限のことは把握してから開業するようにしましょう。

　税務署の無料相談を活用するのも、おすすめです。また、日々の営業に集中するためにも、税理士の顧問契約を検討してみるのもいいでしょう。

　手元にお金が残らなければ、運営資金が底をつき、閉店しなければいけない状況に陥ることもあります。そのためにも、カフェの税金について、しっかりと理解しておきましょう。

　詳しくは、次項で紹介します。

キャッシュフローとは

利益−税金+減価償却−借入返済 = キャッシュフロー

「キャッシュ（お金）フロー（流れ）=お金の流れ」を把握しましょう!

キャッシュフロー計算書の例

（金額）

Ⅰ 営業活動によるキャッシュフロー	
税金等調整前当期純利益	×××
減価償却費	×××
売上債権の増加額	×××
棚卸資産の減少額	×××
仕入債務の減少額	×××
有形固定資産売却損	×××
所得税等の支払額	×××
⋮	⋮
営業活動によるキャッシュフロー合計	×××

「儲けたお金」を
明らかにしたもの

POINT

「会計上の利益」と「手元の現金」はイコールではありません。商品やサービスを提供する前に、仕入れ等で先に支払いが必要な場合もあります。いざというときに「手元に現金がない！」という事態を避けるためにも、資金繰り表やキャッシュフロー計算書をつくり、お金の流れが把握できるようにしておきましょう。

Lesson

14

カフェで支払う税金一覧

税金未払いは信用問題につながるので注意！

税金は、積もり積もってから請求がくるものも多く、事前に把握しておかなければ、支払いができないという事態を招いてしまいます。

納付期日を遅れると、督促料金を徴収されることもあり、融資や補助金などの申請の際に信用問題として影響することもあるので、忘れずに納付しましょう。

①所得税

得た所得に対して支払う税金です。所得税の申告には、青色申告と白色申告があり、それぞれにメリット・デメリットがあります。

【青色申告のメリット】

- 65万円の特別控除（簡易簿記の場合、10万円）
- 赤字を3年間繰り越せる
- 家族への給与が全額必要経費に
- 30万円未満の減価償却資産の一括経費
- 自宅の家賃や光熱費の一部を経費に

【青色申告のデメリット】

- 申請書の提出
- 複式簿記での記帳
- 損益計算書・貸借対照表の作成
- 領収書などの保管

【白色申告のメリット】

- 事前申告の必要がない
- 複式簿記をつけなくてよい

【白色申告のデメリット】

- 青色申告のような特典を受けられない

所得金額を計算するとき、開業にかかった費用も経費として計上できるので、かならず領収書かレシートを保管しておきましょう。

②消費税

個人事業主でも、前々年の課税売上高が1000万円を超えると納税義務が発生します（開業後2期は免税）。2019年10月から消費税率が変更になり、軽減税率も導入されています。

特に飲食業はイートインとテイクアウトで消費税が変わってくるので、しっかり理解をしたうえで会計ができる体制を整えておきましょう。

③個人事業税

毎年8月に納税通知書が来る地方税です。事業主控除290万円や赤字などの繰越し控除があります。

④個人住民税

都道府県民税と市町村民税の総称。1月1日時点の住所地で、前年の1月1日から12月31日までの1年間の所得に対して課税され、毎年2~3月の期間内に確定申告します。

⑤固定資産税・償却資産税

土地家屋の固定資産税や償却資産の固定資産税を、毎年1月31日までに各都道府県に申告しなければいけません。

⑥その他

・**印紙税**……5万円以上の売上には、その金額に応じた収入印紙が必要です。領収書や契約書などに使用するため、常備しておくと便利です。

・**健康保険料・国民年金保険料**……個人事業主は国民年金・国民健康保険に加入します。退職後2年は社会保険の任意継続も可能です。

・**労働保険料**……毎年、5月に送られてくる書類に従って計算を行ない、提出します。保険料は6月に納付します。

・**従業員や各種支払報酬などの源泉徴収**……源泉徴収は、所得税の天引きで行ないます。源泉は、徴収した側が納付する義務があります。

・**従業員の住民税**……給与から特別徴収として天引きします。住民税を徴収したら、徴収した側が年間一括か毎月納付します。

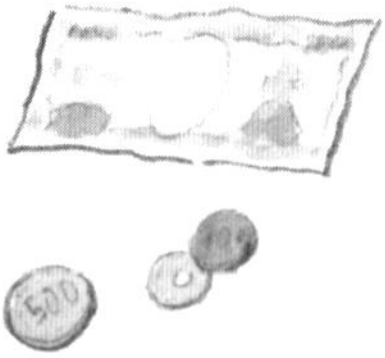

特徴	備考
給与には消費税はかけられていないため、利益が出ていなくても、払う場合がある	確定消費税額が400万円を超えて出ている場合は、「予定納税」が発生。年3回。
納付が1日でも遅れると罰金がかかる	
納付が1日でも遅れると罰金がかかる	
契約書作成時、5万円を超える取引の領収書発行時に貼る収入印紙	
固定資産税を保有する人は毎年払う必要あり	
自動車保有にかかる税金	
会社は社会保険に強制加入となる	個人事業主は国民年金・国民健康保険に加入
	概算保険料額が40万円以上の場合、納付を3回に分割することができる
	個人事業主には290万円の事業者控除あり
	毎年6月頃に納付書が届く
会社の利益にかかる税金	前年度の法人税が20万円を超えている場合、決算から半年後に「予定納税」が発生。年2回。

※改正となる場合がありますので、各自、最新情報を確認してください。

カフェ運営にかかる主な税金

税金の種類	払う時期	どのくらい払うのか
消費税	決算終了後2カ月以内	「預かった消費税」と「支払った消費税」との差額
源泉所得税	毎月10日まで	給与・給料から預かった金額
住民税（特別徴収）	毎月10日まで	給与から天引きした金額
印紙税	契約時 領収時	200円～数万円（契約金額で変動）
固定資産税	年4回分割	固定資産税評価額× 1.4%（1.5%）
自動車税	5月末まで	数万円（排気量による）
社会保険料	毎月末	給与支給額×約14%（会社負担分）
労働保険（雇用保険・労災保険）	7月10日まで	雇用保険料＝賃金×約0.6%（会社負担分） 労災保険料＝賃金×約0.35%（全額会社負担分）
個人事業税	8月、11月	課税所得× 5%
個人住民税	一括もしくは年4回分割	課税所得× 10%＋均等割分
法人税 地方法人税 法人県民税 法人市民税	決算終了後2カ月以内（※）	「会社の利益」×約20～30%

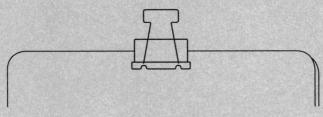

Chapter

5

MYカフェコンセプトが活きる！

事業計画書のつくり方

Lesson
1
事業計画書が持つ役割

事業計画書はあなたのカフェの「羅針盤」

事業計画書とは、あなたのカフェがどのようなものなのか、また、どのようになっていくのかを具体的に示すもの。2章のMYカフェコンセプトが事業計画書づくりにおおいに役立ちます。

事業計画書の役割は大きく3つあります。

1つ目は、あなたが開業するカフェの理想と現実をつないでいくための「**ロードマップ**」です。「3年後にあなたのカフェはどのようになっていますか?」という質問に、具体的に答えられるように計画していきましょう。事業計画書で、開業後の運営の道筋や収益の目標を明確にしておくことは、廃業率の高い飲食ビジネスの中で、長く愛されるために必要不可欠な開業準備です。

2つ目は、MYカフェコンセプトを第三者に理解してもらうための「**説明ツール**」です。カフェの開業・運営は、あなただけの力ではできません。デザイナーや施工業者、食材業者、不動産業者、物件のオーナーさんなど、あらゆる方に協力してもらうためには、あなたのカフェの特徴や独自性を伝えなければなりません。

さらに、融資などの資金調達をする際にも、この事業計画書が必要になります。事業計画書は、創業当初の想いを忘れない「**経営のバイブル**」として、大きな役割を果たしてくれます。たとえ開業後に順調にいかなかったとしても、どこを修正すればいいのかを教えてくれるはずです。

事業計画書は、開業するあなたの強い味方であり、相談相手にもなってくれます。困ったときは原点に立ち返り、正しい方向を示してくれる「あなたのカフェの羅針盤」です。

事業計画書の目的

- これからはじめる事業の採算性・安全性・成長性の見極め
- 継続的に利益を出し、長く続くお店をつくるための指標
- 頭に思い描いている計画を文字に起こし、問題点や矛盾を洗い出す
- しっかりとコンセプトを文字にすることで、自身の行動指針となる
- 開業後も見直すことで、ブレてしまったとき元に戻ることができる

**自分のカフェのイメージをまとめることができるので、
開業したいカフェの姿がより明確になります。**

・理想と現実をつなぐロードマップとして
・自分のカフェ経営のバイブルとして
・資金調達や理解者への説明ツールとして

Lesson
2
事業計画書に必要な資料

▼ 3カ年計画で用意するのが基本

では、事業計画書とは、実際にどのようなものをつくればいいのでしょうか。事業計画づくりは、通常、次のような資料を準備することが多いです。

- 事業概要書
- 損益計算書(PL)
- 資金計画表(キャッシュフロー計画)
- 売上計画表

いずれも売上や経費計画を中心とした、数値計画の資料で、融資や出資を受けるときに、あなたのカフェが利益を創出できるビジネスモデルであることを伝えるためのものです。「あなたのカフェの3年後の姿」が示せるように、3カ年分の数値計画を用意してください。

▼ 長く愛されるカフェであることを示そう

長くカフェ経営をしていくためには、具体的な数値計画を立てることが必要ですが、だからといってお客様に愛されるとは限りません。居心地のよい雰囲気や、こだわりメニュー、コミュニティのイベント……あなたのカフェならではの、お客様がワクワクするようなコンテンツも重要な事業計画です。

数値計画と同様に、「3年後のあなたのカフェの姿」がイメージできるように、あなたのカフェの魅力を、事業計画としてまとめておくことがとても大事です。2章で考えたMYカフェコンセプトが詰まったメニューや内装デザインなどを、しっかりアピールしていきましょう。写真やイメージ画などビジュアルに見せて、より伝わるように工夫するのもポイントです。

数値計画と、MYカフェコンセプト。両軸をしっかり準備することが、実際にカフェを開業して運営していく中で重要なポイントとなります。

事業計画書のコンテンツ例

事業計画

1. 事業計画者プロフィール
2. 企画背景～アイデアが生まれたストーリー
3. 事業目的とビジョン
4. 顧客ターゲット
5. 事業内容　――業種・業態、特徴
6. 市場環境　――顧客の状況、競合状況、今後の見通し
7. ブランドデザイン～コンセプト
8. 売上および利益計画
9. 資金繰り計画
10. 競争優位性（競合店比較）
11. コンセプト実現のための取り組み
12. 地域・街への貢献機能&サービス

店舗計画

1. マーケットエリア
2. 店舗概要・店舗デザイン
3. 内装・レイアウトデザイン
4. サービスコンセプト
5. フードコンセプト　――メニュー構成
6. ドリンクコンセプト　――メニュー構成
7. 投下資本計画
8. 売上予測（時間帯別・曜日別）
9. お店のこだわり・キャッシュポイント
10. 関連業者・仕入れ先
11. 販売促進プラン
12. サブサービス

Lesson

3

事業計画書をつくるための10項目

あなたのアピールポイントが見つかるワーク

事業計画書に、正解はありません。もし、この段階での正解があるとすれば、それはカフェを経営するオーナーの心の中にあります。

そこで、2章で考えたMYカフェコンセプトを土台にしながら、次の10項目をノートにまとめていきましょう。これができれば、事業計画書でアピールしたいポイントが自然にできあがっていきます。

①ビジネステーマ……あなたのカフェのビジネステーマです。よいものを届けたいという気持ち、その経緯などを振り返りながら、簡潔に一言でまとめてみましょう。

②開業動機・背景……なぜ、カフェをオープンしたいと思ったか、コンセプトを作成する際にも深掘りした創業動機と、その動機が生まれた背景を書いていきます。ここで肝心なのは、顧客への提案型にすること。顧客目線で「どうして、そのカフェが必要とされるのか」を書き、「だから、こんなカフェをつくりたい」という提案を、時系列でまとめていきましょう。

③市場規模……カフェを出店するエリアの市場規模をまとめます。「○○県○○市における60歳以上の高齢者は○○万人」「そのうち40%程度はこんなサービスを求めている」など、具体的な数値を出すことで、市場規模がイメージしやすくなります。ターゲットの客層、ライバル店のことも書きながら、あなたがその中で感じていることなども記していきましょう。

④優位性……メニューや商品、サービスの魅力を記していきます。事業計画書は、あなたの相談役であり、相手に魅力を伝える提案書でもあることが重要です。第三者からも「これなら実現できる」と思っ

てもらえるもので、かつ他には簡単に真似できない商品・サービスであることを伝えてください。

⑤実現性……あなたのカフェの魅力をどうやって広めていくのかなどの営業方法、そのメニューを実現するためには、どんな素材をどれくらいの価格で仕入れるのか、何人のスタッフが必要なのかなどを見直していきます。

⑥将来性……将来はどうなるのか誰も予測できません。多店舗展開をしたり、経営が軌道に乗ったら事業を拡大するかもしれないなど、あなたのお店がさまざまな可能性を秘めていることを伝えましょう。

⑦収益性……あなたのカフェは、どのように収益を出していくのでしょうか。経営には、B（ビジネス・法人）とC（カスタマー・個人）という考え方があります。経営者は、ここではすべてBであると考えてください。カフェ経営には「B to B（法人向け）」「B to C（個人向け）」のビジネスモデルがあります。収益性について考えるということは、収益を得られる販促や広報について考えるということです。カフェでは、個人向けに販売促進活動を行ない、法人向けに知名度を上げていくと考えるのが基本です。

⑧自己の経験・ノウハウ……これまで、あなたがどんな経験をしてきたかをアピールする場です。これから、あなたがカフェオーナーとして活躍していくうえで、役に立つこと、リンクしそうなことを挙げていきます。その経験から、カフェでどんな商品やサービスを提供したいと思ったか、その経緯もまとめていきましょう。

⑨商品・サービスの概要……実際に提供する商品やサービス、できればメニューについても詳しくブラッシュアップしていきましょう。

⑩人脈……1人でカフェを経営することになっても、1人で何でもできるというわけではありません。あなたにどんな人脈があり、どんな協力が得られるかなどをまとめていきます。

Ⅰ．事業概要

自己の経験・ノウハウ。

あなたがどんな経験をしてきたかをアピールする項目です。

これから、あなたがカフェオーナーとして活躍していくうえで、役に立つこと、リンクしそうなことをブラッシュアップ。

① 経営者の経歴など

・経営者のプロフィール
・起業する事業に関連した実務経験　など

なぜ、カフェをオープンしたいと思ったのか。

コンセプトを作成する際にも深掘りした創業動機と、その動機が生まれた背景を書いていきましょう。お客様目線で書くことがポイント。

② 起業の動機

あなたのカフェの将来性。

「5年後には2号店をオープンする」など、事業の目標を無理なく設計し、具体的に書きましょう。

③ ビジョン・目標

・目指すべき将来像
・事業の目標

Ⅱ．事業内容

実際に提供するサービスの概要（メニュー・価格について）や、ターゲットとする顧客、どのように提供するのかを書きます。コンセプトシートを参考にしてください。

1 事業コンセプト

（1）サービス・商品の内容

（2）ターゲット顧客

（3）サービス・商品の提供方法・仕組み

市場規模がイメージしやすいように具体的な数値を出し、同業他社の状況を分析。
あなたの商品やサービスの魅力、同業他社との違いを説明します。

2 現状分析等

（1）業界のトレンド、市場規模

（2）競合の状況

（3）自社・事業の強み・優位性

3 販売・仕入れ計画

日本政策金融公庫の創業計画書の項目「取引先・取引関係等」（p.139）と同じ内容を記載。

（1）販売計画

販売先	商品	割合
		%
		%
		%
その他		%

（2）販売促進・集客方法

（3）仕入れ計画

事業目標に合わせて、人員の計画を記入。

4 実施体制・人員計画

（人）

部署・担当	1年目	2年目	3年目	備考

Ⅲ．数値計画

日本政策金融公庫の創業計画書の項目。「必要な資金と調達方法」（p.140）と同じ内容を記載。

1 投資・調達計画

（千円）

投資（必要な資金）		金額	調達	金額
設備資金	内装工事費 店舗補償金 機械装置 器具装置		自己資金	
			親族などからの借入	
運転資金	商品の仕入 開業の経費		金融機関からの借入	
合計			合計	

2 損益計画

（千円）

	1年目	2年目	3年目	備考
売上高①				
売上原価②				
売上総利益③（①－②）				
人件費				
家賃				
減価償却費④				
支払利息				
その他				
経費小計⑤				
営業利益⑥（③－⑤）				
法人税等				
税引後利益⑦				
返済可能額（④＋⑦）				
借入金返済額				

※　返済可能額>借入金返済額

日本政策金融公庫の創業計画書の項目。「事業の見通し」（p.141）を参考に記載。

開業後の売上計画などを表にして担当者にわかりやすく伝え、「なるほど、これならいける！」と思ってもらいましょう。

Ⅳ．実施スケジュール

実施項目	20XX年			20XX年			備考
	1月〜3月	4月〜6月	7月〜9月	10月〜12月	1月〜3月	4月〜6月	

事業計画書の書き方（例）

①ビジネステーマ（事業概要：事業、商品、サービス）

・スペシャルティコーヒーを使用した、焙煎・コーヒー豆小売業および卸売業、飲料販売業。

・苦楽園店で焙煎したコーヒー豆の小売・卸売を売上の主とする。販売チャンネルは小売・卸売・ネット販売の3つ。

・店内に最新エスプレッソマシンを設置。新しいコーヒーの世界を発信する。販売方法は、店内飲食・テイクアウト。

②開業動機・背景（なぜ、この事業をはじめようと思ったのか）

・スペシャルティコーヒーの普及活動と、コーヒー従事者の雇用創出。

③市場規模

・欧米では少しずつ浸透してきているが、日本、特に関西ではまだまだ認知度が低い。しかし、日本全体では10年前の流通量と比べると約15倍に増えている（全体流通量の約7%。2015年現在）。バリスタチャンピオンシップ等で有名になった個人焙煎店が増えてきている中、まだまだ知らない人が多いからこそ市場拡大のチャンス。今後、関西でも多くの個人ロースターが増えてくるだろう。加えて、価値（価格）が比較的高価なスペシャルティコーヒーを巨大消費国日本で広めることが、世界のコーヒー業界、生産者の生活向上の貢献につながるのが、この仕事の最大の魅力と感じている。消費者のコーヒーの価値観を変えることが使命と考えています。

④優位性（商品・サービスの魅力、同業他社との違い）

・スペシャルティコーヒーを使用した「ビーンズショップ+コーヒースタンド」。

・最新の半熱風式焙煎機を使用。コーヒーの味がクリアで、豆の産地特性、風味特性が生き、味の違いがより感じられる。

・コーヒー教室の開催。ハンドドリップやラテアートなど、コーヒーファンの裾野を広げる施策を積極的に行なう。

⑧自己の経験・ノウハウ

前職所属：株式会社○○コーヒー　勤続年数：8年

入社後、直営統括本部配属。直営店舗店長、エリアマネジメントを計6年6カ月。この間、新業態立ち上げ、東京のフラッグシップ店舗のマネジメントを経験。業務外の活動として、バリスタチャンピオンシップに会社代表として5回出場。社内にコーヒーのスペシャリストを育成するべく、人事部人材育成課内のバリスタトレーナーを兼務。その後、社内FA制度を活用し、生産管理統括本部、関西焙煎工場（兵庫県）に異動。

Lesson

4

創業融資制度とは？

「日本政策金融公庫」に相談する

あなたのコンセプトを具現化するためにも、開業資金と運営資金を把握し、不足するお金を工面しなければいけません。あなたは、開業・運営資金をどうやって用意しますか？　自分で用意できるという人は問題ありませんが、すぐに用意できる人は、ほとんどいないのではないでしょうか。だからといって、不足分をこれから貯蓄するのでは、途方もない年月がかかります。では、どうやって資金を準備すればいいのでしょうか？

資金調達の方法は、いくつかあります。補助金や、助成金の活用、親族・知人から援助を受ける人もいますが、ここで活用したいのが１００％国が出資する金融機関「日本政策金融公庫」です。

カフェ開業で活用したい創業融資制度

日本政策金融公庫では、創業するオーナーのための「創業融資制度」があります。他の金融機関に比べて金利が低く、無担保・無保証人での融資が可能。初めての人でも利用しやすく、融資が受けやすいというのも特徴です。

お金を融資してもらうのは、決してマイナスなことではありません。借入ができるということは、それだけ信用があると認められたということです。そして、順調な返済をしていくことで、あなたのカフェ事業の信頼度も高まっていきます。

誰でもすぐに融資を受けられるわけではありませんが、創業者を増やそうとして国によって準備された制度ですので、きちんと準備をすれば創業融資を受けることができます。

申込から融資を受けるまでには書類審査、面談などがあり、通常３～４週間ほどかかります。いずれにしても、早めに準備して動くことが大切です。

日本政策金融公庫の融資の流れ

1 事前相談

開業計画などを申込前にチェックしてアドバイスしてもらう。

2 申込

1週間程度

・借入申込書　・創業計画書（創業資金の場合）　・見積書（設備資金の場合）などの書類を用意。

3 面談

2、3週間程度

事業計画についてプレゼンし、融資の判断を受ける。
事業計画についての資料や、資産・負債のわかる書類を用意。

4 契約・融資

契約の手続きが完了すると、銀行などの口座に送金される。

申込から融資まで約3、4週間程度かかります。

➜ 日本政策金融公庫の「創業支援」サイト
https://www.jfc.go.jp/n/finance/sougyou/

Lesson

5

創業融資を申し込むための必要書類

▼必要な資料を確認しよう

創業融資には、主に以下の書類が必要です。

【規程の用紙があるもの】

・借入申込書……日本政策金融公庫指定の申込書です（詳しくは本章6項）。

・創業計画書……日本政策金融公庫のフォーマットを使用。事業計画書にそって記入していきます（詳しくは本章7項）。

【業者に依頼するもの】

・購入設備や内装工事に関する見積書……設備投資やカフェの内装工事の見積書も準備しましょう。

・取引先との契約書……工事業者などの契約書や、可能であれば説明資料なども準備しましょう。

その他、融資の際に準備したいものとしては、以下のものが挙げられます。

・預金通帳コピー　・運転免許証コピー　・印鑑証明書（法人・個人）　・水道光熱費の支払い資料（通帳コピーのみでOKの場合も）　・税金支払証明書　・ローン残高証明書　・不動産の賃貸借契約書　・保証人に関する書類　・履歴事項全部証明書または登記簿謄本（法人の場合）

提出が必要な書類は、窓口で相談・申込をするときに準備一覧として指示を受けます。通常は指定の書類で申し込むケースが多いのですが、より審査を進めやすく、スムーズに融資を受けるために有効なのが、MYカフェコンセプトを活かした事業計画書です。ぜひ、創業計画書等とともに事業計画書を添付して提出し、面談に臨んでください。

所定の書類だけではなく追加の資料があることで、事業詳細はもちろん、開業の熱意を伝えることができ、スムーズな融資の決定に結びつきます。

融資の際に事前準備しておきたいもの

- □ 借入申込書
- □ 創業計画書
  →詳しくは5章7項
- □ 通帳コピー
- □ 履歴事項全部証明書または登記簿謄本
- □ 見積書
  →設備投資や内装工事などがある場合
- □ 取引先との契約書
  →工事業者など。可能であれば説明資料も。
- □ 不動産の賃貸借契約書
- □ 資金繰り表
- □ 運転免許証コピー
- □ 印鑑証明書（法人・個人）
- □ 水道光熱費の支払い資料
  →通帳コピーのみでOKの場合も
- □ 税金支払証明書
- □ ローン残高証明書
- □ 保証人に関する書類
- □ MYカフェ事業計画書

POINT

融資審査をスムーズにするために、書類の準備不足がないように注意！
事前に融資に詳しい税理士さんや、商工会議所に相談に行くのもおすすめです。

Lesson

6

借入申込書のポイント

▼借入申込書とは

借入申込書は、日本政策金融公庫で用意されている指定の申込書です。申込者の名前や連絡先、創業する事業の開始年月、業種、従業員数、借入の条件、担保・保証の有無、希望の借入金額や借入希望日まで細かく記載する欄が設けられています。

実際には、担当者の説明を受けながら記入することが多いので、わからない箇所は遠慮なく質問し、正しく記入しましょう。

▼記入の際の注意点

注意すべき点は、希望の借入金額と借入希望日を記入する欄です。ここは、銀行が記入する欄ではなく、借入を申し込む人が考えて記載しなければいけない欄です。つまり、その事業をスタートするために、どれだけのお金が、いつまでに必要なのかを把握しておかなければいけないということです。

「借りられるだけ借りたい」「自分がどれだけ借りられるものか理解できていない」「お金がいつ必要なのかわからない」という姿勢では、担当者に不安を与えてしまいます。

そこで効果を発揮するのが、事業計画書です。開業資金にも運転資金・設備資金などがありましたよね。ここで注意しておきたいのは、自己資金です。

創業融資の申込条件は、自己資金が10分の1で、無担保・無保証で最大2000万円までが基本上限です。当然ですが、自己資金比率の低い申込、融資金額が大きいほどチェックが厳しくなります。

自己資金とは、基本的には、あなたの通帳で説明できる金額です。親族からの援助や贈与も、一部自己資金扱いとなる可能性もあります。

カフェオーナー、経営者として、開業前からお金の意識を切り替える準備をしておきましょう。

借入申込書の記入例

1. 個人の場合は氏名、法人の場合は法人名と法人代表者氏名
2. 申込金額は借入希望金額。創業計画書と同額を記入
3. 面談日程の2～3週間後を目安に
4. 借りたお金を何年で返済するか、元金の措置期間は設けるかなど
5. 資金の使い道は創業計画書を同じ内容を記入
6. 開業場所の情報
   法人の場合は登記簿に記載されている住所
7. 自宅の住所
8. ・創業予定日
   ・業種
   ・従業員数
9. 同居している家族がいる場合、家族の情報

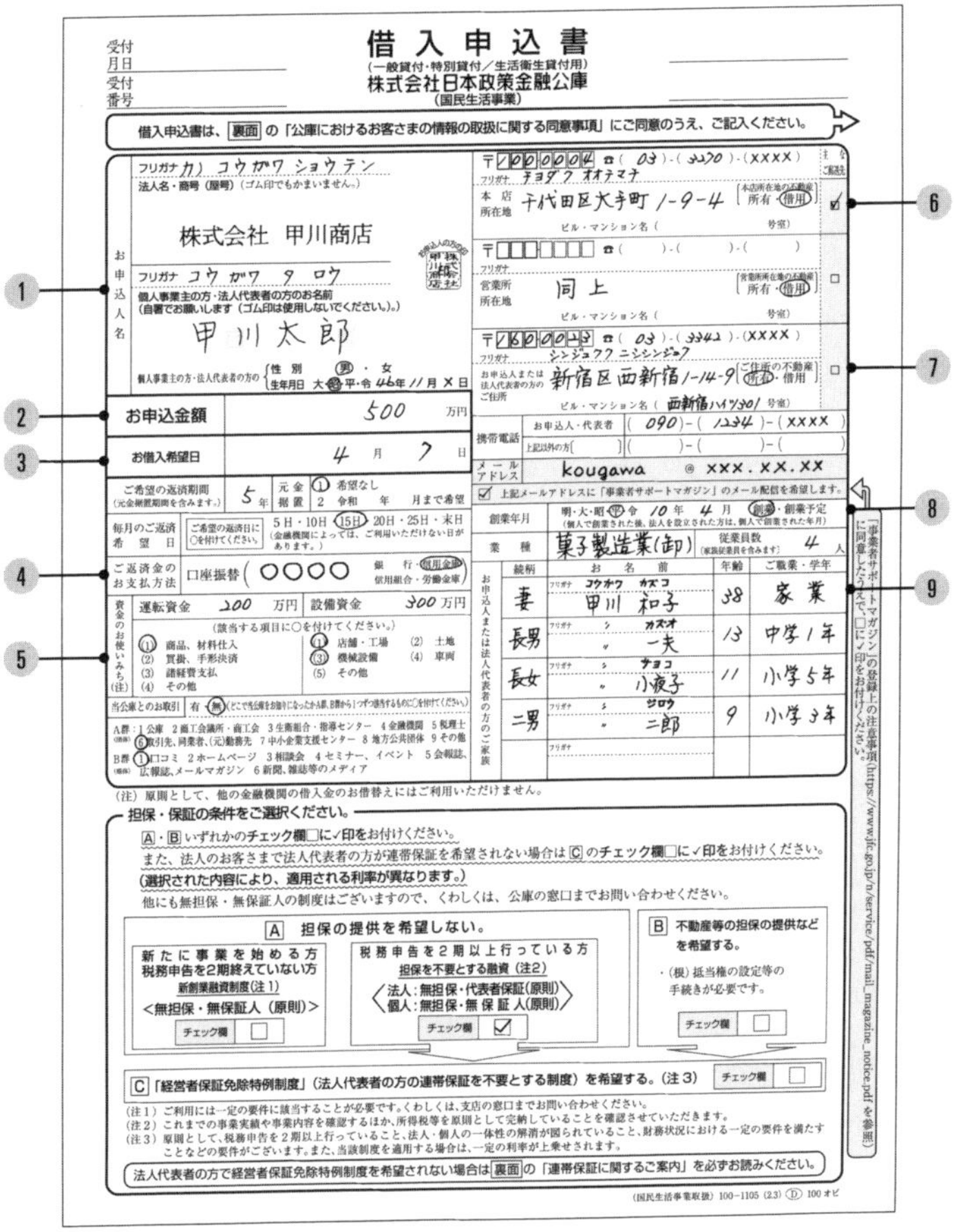

受付月日
受付番号

借入申込書
(一般貸付・特別貸付／生活衛生貸付用)
株式会社日本政策金融公庫
(国民生活事業)

借入申込書は、裏面の「公庫におけるお客さまの情報の取扱に関する同意事項」にご同意のうえ、ご記入ください。

お申込人名
フリガナ カ）コウガワ ショウテン
法人名・商号（屋号）（ゴム印でもかまいません。）
株式会社 甲川商店
フリガナ コウガワ タロウ
個人事業主の方・法人代表者の方のお名前
（自署でお願いします（ゴム印は使用しないでください）。）
甲川太郎
個人事業主の方・法人代表者の方の 性別 男・女 生年月日 大・昭・平・令 46年 11月 X日

〒100-0004 ☎（03）-（3270）-（XXXX）
フリガナ チヨダク オオテマチ
本店所在地 千代田区大手町1-9-4 ビル・マンション名（ 号室）［本店所在地の不動産 所有・借用］

〒 ☎（ ）-（ ）-（ ）
フリガナ
営業所所在地 同上 ビル・マンション名（ 号室）［営業所所在地の不動産 所有・借用］

〒160-0023 ☎（03）-（3342）-（XXXX）
フリガナ シンジュクク ニシシンジュク
お申込人または法人代表者の方のご住所 新宿区西新宿1-14-9 ビル・マンション名（西新宿ハイツ301 号室）［ご住所の不動産 所有・借用］

携帯電話 お申込人・代表者（090）-（1234）-（XXXX）
上記以外の方［ ］（ ）-（ ）-（ ）
メールアドレス kougawa @ xxx.xx.xx
☑ 上記メールアドレスに「事業者サポートマガジン」のメール配信を希望します。

お申込金額 500 万円
お借入希望日 4 月 7 日

ご希望の返済期間（元金据置期間を含みます。） 5 年
元金据置 ① 希望なし 2 令和 年 月まで希望
毎月のご返済希望日 ご希望の返済日に○を付けてください。 5日・10日・15日・20日・25日・末日（金融機関によっては、ご利用いただけない日があります。）
ご返済金のお支払方法 口座振替（OOOO 銀行・信用金庫・信用組合・労働金庫）

資金のお使いみち（注）
運転資金 200 万円 設備資金 300 万円
（該当する項目に○を付けてください。）
①商品、材料仕入 (2) 買掛、手形決済 (3) 諸経費支払 (4) その他
①店舗・工場 (2) 土地 ③機械設備 (4) 車両 (5) その他

当公庫とのお取引 有・無（どこで当公庫をお知りになったかA群、B群から1つずつ該当するものに○を付けてください）
A群（機関）：1 公庫 2 商工会議所・商工会 3 生衛組合・指導センター 4 金融機関 5 税理士 6 取引先、同業者、(元)勤務先 7 中小企業支援センター 8 地方公共団体 9 その他
B群（媒体）：1 口コミ 2 ホームページ 3 相談会 4 セミナー、イベント 5 会報誌、広報誌、メールマガジン 6 新聞、雑誌等のメディア

創業年月 明・大・昭・平・令 10 年 4 月 創業・創業予定（個人で創業された後、法人を設立された方は、個人で創業された年月）
業種 菓子製造業（卸） 従業員数（家族従業員を含みます）4 人

お申込人または法人代表者の方のご家族

続柄	お名前	年齢	ご職業・学年
妻	コウガワ カズコ 甲川 和子	38	家業
長男	〃 カズオ 〃 一夫	13	中学1年
長女	〃 サヨコ 〃 小夜子	11	小学5年
二男	〃 ジロウ 〃 二郎	9	小学3年
	フリガナ		

「事業者サポートマガジン」の登録上の注意事項（https://www.jfc.go.jp/n/service/pdf/mail_magazine_notice.pdf を参照）に同意したうえで、□に✓印をお付けください。

（注）原則として、他の金融機関の借入金のお借替えにはご利用いただけません。

担保・保証の条件をご選択ください。
A・B いずれかのチェック欄□に✓印をお付けください。
また、法人のお客さまで法人代表者の方が連帯保証を希望されない場合は C のチェック欄□に✓印をお付けください。
（選択された内容により、適用される利率が異なります。）
他にも無担保・無保証人の制度はございますので、くわしくは、公庫の窓口までお問い合わせください。

A 担保の提供を希望しない。
新たに事業を始める方 税務申告を2期終えていない方 新創業融資制度（注1） <無担保・無保証人（原則）> チェック欄 □
税務申告を2期以上行っている方 担保を不要とする融資（注2） 〈法人：無担保・代表者保証（原則） 個人：無担保・無保証人（原則）〉 チェック欄 ☑
B 不動産等の担保の提供などを希望する。 ・（根）抵当権の設定等の手続きが必要です。 チェック欄 □
C 「経営者保証免除特例制度」（法人代表者の方の連帯保証を不要とする制度）を希望する。（注3） チェック欄 □

（注1）ご利用には一定の要件に該当することが必要です。くわしくは、支店の窓口までお問い合わせください。
（注2）これまでの事業実績や事業内容を確認するほか、所得税等を原則として完納していることを確認させていただきます。
（注3）原則として、税務申告を2期以上行っていること、法人・個人の一体性の解消が図られていること、財務状況における一定の要件を満たすことなどの要件がございます。また、当該制度を適用する場合は、一定の利率が上乗せされます。
法人代表者の方で経営者保証免除特例制度を希望されない場合は裏面の「連帯保証に関するご案内」を必ずお読みください。

（国民生活事業取扱）100-1105（2.3）Ⓓ 100 オビ

Lesson

7

創業融資の面談準備

融資担当者にアピールするための書類

創業融資の際に、最も重要な書類が創業計画書です。この創業計画書をもとに、融資判定が行なわれます。

審査基準は法人・個人に関係なく、経験や自己資金が重視されます。その自己資金は、蓄積過程が確認できるかどうか、ローン・公共料金・家賃等の支払いが毎月行なわれているかどうか、運転資金を用意できるかどうかなども判断の基準となります。

・「妥当性」のある計画であるか

・「評価できるポイント」はあるか

これらを、融資担当者にしっかり伝えられるように書類を作成していきましょう。

たとえば、「飲食店での勤務経験がある」「自己資金の準備が確認できる」「毎月の支払いを遅れずに行なっている」など、担当者が安心できる要素を入れるのもいいでしょう。

創業計画書4つのポイント

融資担当者が評価できる創業計画書にするためには、4つのポイントがあります。

①創業の動機・略歴・商品・サービス内容

創業のきっかけ、経歴、技術、事業の特徴などを書いていきます。

コンセプトを考えるとき、創業の動機について深掘りしましたが、さらに大事になるのが、どんな経歴や技術を持っているのかということです。

また、初めて飲食業に参入するという人も、どのような商品やサービスを提供していきたいと思っているのか、ここでは「この方向性でやっていく!」という強い意志を伝えてください。

②取引先・取引関係等

すでに契約している販売先・仕入先があれば記入

し、契約書や注文書があれば添付します。

地域の小さなカフェを経営する場合、お客様は、「一般個人が100％」がほとんどです。その場合、店舗がどのような立地にあり、どのようなお客様をターゲットにできるかなどを、販売欄に記載しておくといいでしょう。

③必要な資金と調達方法

設備資金が必要な場合は、その旨を記載し、見積書などを添付しておきます。

必要な資金を記載したら、その資金をどのように調達するかを細かく記載します。たとえば、1200万円の設備費が必要で、自己資金300万円、家族から200万円調達できるとします。

その場合、希望融資額は、1200万円から500万円を差し引いた700万円で、合計に必要な資金額と同じ1200万円と記載します。

④事業の見通し

この欄は、借入金を返済するための見通しプランを説明する箇所です。

ここでのポイントは、人件費です。個人事業主の場合、自分にかかる人件費は記載しません。売上から原価、経費を引いた利益が事業主の人件費となるからです。ここを間違ってしまうと、利益が少なくなってしまうので注意しましょう。

▼創業融資の面談で味方になってくれる事業計画書

最も重要なのは、**あなたのカフェの売上の根拠を説明できること**です。売上計画をしっかり説明できるように、面談の前にシミュレーションしておきましょう。理想のカフェのカタチや、あなたの想いが詰まった事業計画書は、きっとあなたの味方になってくれるはずです。

MYカフェコンセプトを具体化した事業計画書の大切さをご理解いただけたでしょうか。これは、すぐに完成するものではありません。何度も何度も手直しをしながら、あなただけの「MYカフェ事業計画書」をつくりましょう。

創 業 計 画 書

〔令和　　年　　月　　日作成〕

お名前

1 創業の動機（創業されるのは、どのような目的、動機からですか。）

・これまでの経験を活かし、自分の店を持ちたいと思い、○○地区で物件を探していたところ、立地も広さもちょうどよいテナントが見つかったため。 ・現勤務先の仕入業者から、多品種の酒を安く仕入できることになり、事業の見通しが立ったため。	公庫処理欄

2 経営者の略歴等（略歴については、勤務先名だけではなく、担当業務や役職、身につけた技能等についても記載してください。）

年 月	内 容	公庫処理欄
H○年○月～	居酒屋○×△3年勤務（学生時代のアルバイト先に、そのまま勤務）	
H○年○月～	ダイニングキッチン○○（洋風居酒屋チェーン）9年勤務	
	3年前から店長（現在の月給30万円）	
R○年○月～	退職予定（退職金70万円）	
過去の事業経験	☑事業を経営していたことはない。 ☐事業を経営していたことがあり、現在もその事業を続けている。 （⇒事業内容：　　　　　） ☐事業を経営していたことがあるが、既にその事業をやめている。 （⇒やめた時期：　　年　　月）	
取得資格	☐特になし　☑有（調理師免許（H○年○月取得）　番号等　　）	
知的財産権等	☑特になし　☐有（　　☐申請中　☐登録済）	

3 取扱商品・サービス

取扱商品・サービスの内容	① 昼　日替わりランチ（4種類／ドリンク・デザート付）　客単価900円 ② 夜｛一品料理　550円～1,200円（旬の素材を利用した創作料理） ③ 　　ドリンク　500円～1,200円　　客単価4,500円	（売上シェア　19 %） （売上シェア　81 %） （売上シェア　　%）
セールスポイント	・ワイン、ビール、オリジナルカクテル等200種類のドリンクを提供する。 ・隠れ家的な雰囲気の店構えとして、寛げる空間を提供する。 ・月1回、友人の協力でアコースティックギターの生演奏会を予定している。	公庫処理欄
販売ターゲット・販売戦略	・30～40代の○○地区周辺の会社員がメインターゲット。	
競合・市場など企業を取り巻く状況	・商業ビルが立ち並ぶ路地裏の立地。周辺にセレクトショップ等があり、人通りは多い。 ・居酒屋などは多いが、落ち着いた雰囲気の店舗は少ない。	

・創業の動機

創業への想い、熱意を伝える項目。コンセプトシート作成時に考えた内容をまとめましょう。日本政策金融公庫の創業計画書のフォーマットでは記入欄が少ないようなら、別紙で記載する方法もおすすめです。

・経営者の略歴

経営者がこれまでにどのような経験を積み、創業する事業を成功させる確率が高いかどうかを判断する項目。勤務時の実績などを具体的に記載しましょう。

・取扱商品・サービス

創業後にどのような商品･サービスを提供するのか、どのように集客を行なっていくかなどを説明する項目。コンセプトシートの5W2Hをベースにすれば考えやすいでしょう。

郵便はがき

料金受取人払郵便

神田局
承認
2741

差出有効期間
2026年２月28
日まで

101-8796

511

（受取人）
東京都千代田区
神田神保町1－41

同文舘出版株式会社
愛読者係行

毎度ご愛読をいただき厚く御礼申し上げます。お客様より収集させていただいた個人情報は、出版企画の参考にさせていただきます。厳重に管理し、お客様の承諾を得た範囲を超えて使用いたしません。メールにて新刊案内ご希望の方は、Ｅメールをご記入のうえ、「メール配信希望」の「有」に○印を付けて下さい。

図書目録希望	有	無	メール配信希望	有	無

フリガナ お名前		性　別 男・女	年　齢 才
ご住所	〒 TEL　（　　）　Ｅメール		
ご職業	1.会社員　2.団体職員　3.公務員　4.自営　5.自由業　6.教師　7.学生 8.主婦　9.その他（　　）		
勤務先分類	1.建設　2.製造　3.小売　4.銀行・各種金融　5.証券　6.保険　7.不動産　8.運輸・倉庫 9.情報・通信　10.サービス　11.官公庁　12.農林水産　13.その他（　　）		
職　種	1.労務　2.人事　3.庶務　4.秘書　5.経理　6.調査　7.企画　8.技術 9.生産管理　10.製造　11.宣伝　12.営業販売　13.その他（　　）		

愛読者カード

書名

◆　お買上げいただいた日　　　　年　　月　　日頃

◆　お買上げいただいた書店名　（　　　　　　　　　）

◆　よく読まれる新聞・雑誌　（　　　　　　　　　）

◆　本書をなにでお知りになりましたか。

1．新聞・雑誌の広告・書評で　（紙・誌名　　　　　　）

2．書店で見て　3．会社・学校のテキスト　4．人のすすめで

5．図書目録を見て　6．その他（　　　　　　）

◆　本書に対するご意見

◆　ご感想

●内容	良い	普通	不満	その他（　　　）
●価格	安い	普通	高い	その他（　　　）
●装丁	良い	普通	悪い	その他（　　　）

◆　どんなテーマの出版をご希望ですか

<書籍のご注文について>

直接小社にご注文の方はお電話にてお申し込みください。宅急便の代金着払いにて発送いたします。1回のお買い上げ金額が税込2,500円未満の場合は送料は税込500円、税込2,500円以上の場合は送料無料。送料のほかに1回のご注文につき300円の代引手数料がかかります。商品到着時に宅配業者へお支払いください。

同文舘出版　営業部　TEL：03－3294－1801

創業計画書の記入例　②取引先・取引関係等

・立地などについても記載する
(例)「店舗は、商業ビルが立ち並ぶ路地裏に位置する」
「周辺にセレクトショップ等があり、人通りは多い」

4　取引先・取引関係等

	フリガナ 取引先名 （所在地等（市区町村））	シェア	掛取引の割合	回収・支払の条件	公庫処理欄
販売先	一般個人 （　　）	100 %	%	即金 日〆	
	（　　）	%	%	日〆	
	ほか　社	%	%	日〆	
仕入先	△△サケテン(カ △△酒店(株)(現勤務先の仕入先) ((○○区○○)	50 %	100 %	末 日〆　翌月末 日支払	
	カ)××ショクヒン (株)××食品(現勤務先の仕入先) ((○○区○○)	50 %	100 %	末 日〆　翌月末 日支払	
	ほか　社	%	%	日〆　日支払	
外注先	（　　）	%	%	日〆　日支払	
	ほか　社	%	%	日〆　日支払	
人件費の支払	末 日〆　翌月末 日支払（ボーナスの支給月　月、　月）				

・販売先・仕入先との結びつきがあれば記入。契約書・注文書などがあれば添付
・販売先・仕入条件についても確認しておく

・取引先・取引関係等

顧客ターゲットを具体的に説明し、仕入れ先の確保や信頼性を説明します。

[顧客ターゲットを明確にし、集客できるかがポイント]

集客について記載する欄はありませんが、立地条件などの周辺環境も追記するようにしましょう。

[仕入先は確保できているか]

仕入先との現在の関係性を記載することで、仕入先との関係を構築する能力があるとアピールできます。仕入先の名称や住所だけでなく、現在の関係性を記載しましょう。

創業計画書の記入例　③ 必要な資金と調達方法

7　必要な資金と調達方法

	必要な資金	見積先	金額	調達の方法	金額
設備資金	店舗、工場、機械、車両など（内訳）		970 万円	自己資金	300 万円
	・店舗内外装工事	○○社	500	親、兄弟、知人、友人等からの借入（内訳・返済方法）	200 万円
	・厨房機器	○×社	200	父	200
	・什器・備品類	△△社	150	元金2万円×100回（無利息）	
	・保証金		120	日本政策金融公庫　国民生活事業からの借入元金10万円×70回（年○.○%）	700 万円
				他の金融機関等からの借入（内訳・返済方法）	万円
運転資金	商品仕入、経費支払資金など（内訳）		230 万円		
	・仕入		90		
	・広告費等諸経費支払		140		
合計			1,200 万円	合計	1,200 万円

見積書などを添付する

金額は一致する

・必要な資金と調達方法

資金がいくら必要で、どのように調達するかを説明する項目。

→必要な資金が漏れなく、ダブりなく把握できているかがポイントです。

→開業資金の総額に対して、自己資金が十分にあるか、自己資金を預金通帳で説明できるかも重要です。自分で貯めた自己資金について、日本政策金融公庫では必ず通帳原本の確認を行ないます。コツコツと準備してきた過程を説明できる通帳を用意しましょう。

創業計画書の記入例

4 事業の見通し

人件費は、従業員数もわかるようにする

8　事業の見通し（月平均）

		創業当初	1年後 又は軌道に乗った後（　年　月頃）	売上高、売上原価（仕入高）、経費を計算された根拠をご記入ください。
売上高①		248　万円	322　万円	<創業当初> ①売上高（日曜定休） 昼（月～土）　900円×25席×0.8回転×26日＝　46万円 夜（月～木）4,500円×25席×0.6回転×18日＝121万円 （金、土）4,500円×25席×0.9回転×　8日＝　81万円 ②原価率　35%（勤務時の経験から） ③人件費　従業員1人20万円 専従者1人（妻）10万円 アルバイト3人 時給930円×14時間／日×26日＝34万円 家賃　20万円 支払利息　700万円×年○.○%÷12ヵ月＝2万円 その他光熱費、広告宣伝費等　50万円 <軌道に乗った後> ①創業当初の1.3倍（勤務時の経験から） ②当初の原価率を採用 ③人件費　従業員1人増　18万円増 その他諸経費　10万円増
売上原価②（仕入高）		87　万円	113　万円	
経費	人件費（注）	64　万円	82　万円	
	家賃	20　万円	20　万円	
	支払利息	2　万円	2　万円	
	その他	50　万円	60　万円	
	合計③	136　万円	164　万円	
利益 ①－②－③		25　万円	45　万円	（注）個人営業の場合、事業主分は含めません。

支払利息（月間）は、「借入金×年利率÷12カ月」で算出

・借入金の返済元金はここから支払われることになる
・個人事業主の場合、事業主分の人件費はここに含まれる

・事業の見通し

創業後の収支の見込みを説明する項目。

売上高など、各項目の数値の根拠が示せるか、売上計画が同業他社等の平均値と比べて無理のないものとなっているかがポイントです。

売上高などの項目については、計算過程を記載しておきましょう。

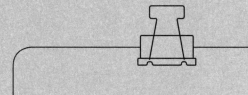

Chapter

6

あなたのカフェをカタチにする！

物件・設備の選び方

Lesson

1

あなたのカフェに合う立地を選ぼう

立地をリサーチするポイント

開業資金が準備できたら、次はいよいよ、あなたの理想のお店をカタチにしていきます。その第一歩が、立地選びです。立地は、「人通りが多いから」「交通量が多いから」「憧れの場所だから」といった理由だけで選んではいけません。あなたの理想のカフェを実現するためには、マーケティングリサーチをする必要があります。

基本的なマーケティングリサーチとして、商圏（店舗に集客できる範囲のこと）を調べます。商圏エリアの世帯数などの情報は、各市町村のホームページなどで調べてみてください。また、出店したい場所の商圏を知りたいなら、商圏情報調査サイトもあるので、そちらを活用してもいいでしょう。

カフェコンセプトに合った立地を選ぼう

どれだけ人が集まっていても、全員が同じ目的とは限りません。その人たちがどのような目的でカフェを利用するのかを考えるのがマーケティングです。立地選びで重要なのは、あなたのカフェの業態や提供する商品・サービスが、**そのエリアを利用する人の生活パターンにマッチしているか、その地域ニーズに応えられるお店であるか**です。

たとえば、ある「住宅地」で開業することになり、その周辺に住む「主婦」がターゲットだとします。同じ住宅地でも、そのエリアが高級住宅街なのか下町なのかで、提供するメニューも変わってくるはずです。前者であれば素材にこだわった健康的なランチ、後者であればリーズナブルで気軽に楽しめるランチなど、その住宅街に住む主婦のニーズに応えられる商品を考えなければいけません。

どのターゲットを狙うかは、あなたのカフェのコンセプトによって変わってくるはずです。

ターゲットによる特性を把握する

学生

ボリュームがあってリーズナブル、コストパフォーマンスを重視。SNSに投稿したくなるような、見た目にもインパクトのあるメニューが人気。

ファミリー

お子様連れでも気軽に入れるレイアウトが重要。子ども向けや大人とシェアしやすいメニュー、キッズスペースなどがあり、ゆったりと過ごせる空間が求められる。

高齢者

朝から活動している人が多く、モーニングメニューやおいしいコーヒーを楽しみたい人が多い。また、喫煙できる場所があるかどうかもポイント。

スポット客

近くに公園や商業施設、観光スポットがある場所であれば、常連客だけでなく、スポットで来店するお客様も期待できる。その場合、屋外で食べられるようなテイクアウトメニューがあると利用しやすく、回転率を高めることもできる。

POINT

あなたのカフェのコンセプトや提供する商品・サービスは、どんな客層をターゲットにしていますか？ ターゲットのニーズをつかみ、立地を選びましょう。

Lesson

2

カフェの出店場所の特徴

出店場所にある地域性

主なカフェの出店場所として挙げられるのは、以下のような場所です。

・住宅街　・繁華街　・駅前　・商業地域　・オフィス街　・観光地　・郊外（地方）

これらの場所には、それぞれの地域性があり、「家賃」と「集客」という指標で確認していくと、それぞれの場所での出店メリットが見えてきます。

左のマトリックスを見てください。縦軸は「家賃」、横軸は「集客効果」を表わしています。家賃の高い繁華街なら、通りがかりのお客様も集客できますが家賃が低い住宅街に人を呼ぶなら、わざわざそこに足を運びたくなるような工夫が必要です。

出店場所の特性を見てもわかるように、「家賃が安くて、集客ができる」というような理想の立地は、なかなか見つからないものです。

家賃が高くても集客できる場所を選ぶのか、人通りが少なくても家賃のコストを下げてコンテンツで勝負するのかなど、結局は、あなたがどのようなコンセプトのカフェにしたいかによって立地が決まっていくのです。

立地の決定は、お店の今後を左右する！

立地は、一度決めてしまうと簡単に変更することはできません。オープンした後に後悔しても遅いのです。あなたのお店が流行るかどうかは、立地しだいともいえます。

カフェを開業するとき、立地選びがどれほど大切かをご理解いただけたでしょうか。あなたの希望を叶える立地が決まれば、いよいよ本格的に物件探しをはじめましょう。

出店場所の特性マトリックス

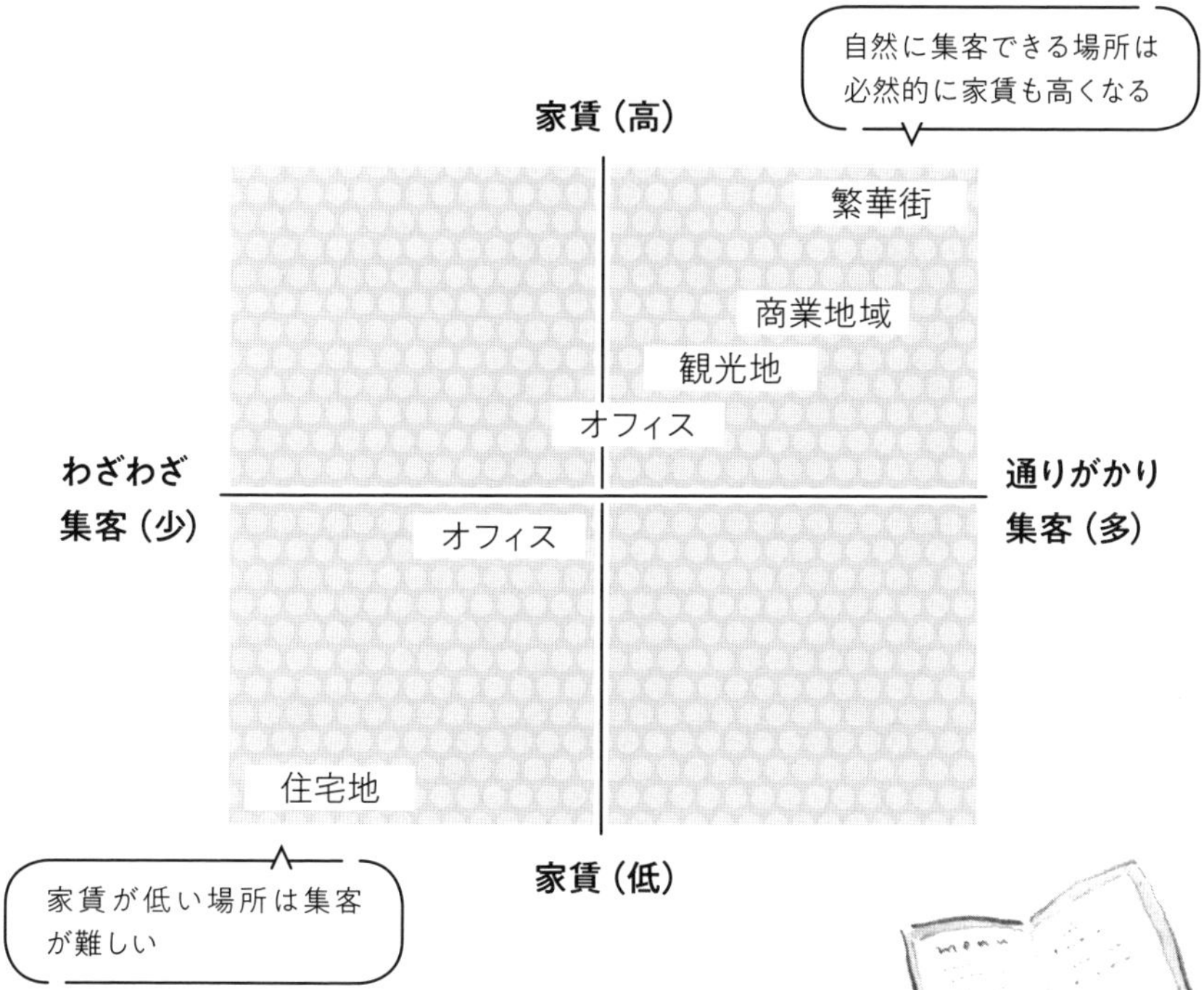

POINT

場所や家賃だけでなく、地域性やターゲット層など、立地の条件はさまざま。
立地選びのリサーチは早めに動きましょう。

Lesson

3

カフェ物件の探し方

物件選びで譲れないポイントは?

皆さんが物件を探すときにする最初のアクションは、「インターネットで検索する」「不動産屋さんに行く」ことだと思います。

今、インターネットには賃貸物件を紹介しているポータルサイトがたくさん存在しています。最近の不動産会社のサイトは充実していて、眺めるだけでも、かなりの物件情報を得ることができます。

しかし、ここで覚えておいてほしいのは、サイトに情報を掲載しているのは、不動産物件の賃貸契約を仲介している会社だということです。

不動産の仲介会社は、物件の貸主である大家さんや管理会社から物件情報を取り寄せ、それらの物件を仲介することで手数料を得るというスタイルが基本です。

そして、ネットに掲載されている物件を取り扱っているのは、その会社だけではありません。実際、ネットを見ていると、同じ物件が何度も出てくることがありますよね。それは、1つの物件を複数の不動産会社が仲介しているということです。

また、インターネットに掲載されていない情報もあるので、実際に不動産屋さんに足を運ぶことも大事です。不動産会社によっては、仲介手数料や条件を大家さんに交渉してくれることもあります。

実際に不動産屋さんに行き、話を聞いてみないとわからないかもしれませんが、ポータルサイトで条件を比較したり、写真の掲載数を確認したりするのも、いい不動産屋さんかどうかを見極めるための方法のひとつです。

実際に不動産屋さんに行ったら、自分の条件をしっかり伝えられるようにしておいてください。あなたの譲れないこと、逆に譲れることを整理しておくといいでしょう。家賃（保証金・礼金）、広さ、立地、階層、最寄り駅からの距離など、物件を選ぶにはいろいろな要素があります。

希望や条件を明確にしておくと、希望の物件に出会いやすいです。不動産屋さんには一般の人が見ることができない不動産専用サイトがあり、そこには公開されていない物件の情報も入っています。

条件を伝えることで、そのサイトから物件情報を出してもらえることもあるので、納得できるまで図面の確認、物件の内覧、条件の確認をしましょう。

▼物件選び9つのポイント

物件選びは、自分が掲げたコンセプトに合っているか、そして、その物件で利益が出せるのかも重要です。物件を選ぶときには、必ずチェックしておきたいポイントがあります。それらのチェックポイントは、目視で確認できるものから、自分では確認できないこともあります。自分で確認できない部分は、不動産会社の担当者に確認してみてください。

物件選びの際は、次のポイントを参考にしてください。

①人通り・交通量

エリアの人口や人通り、交通量は重要です。曜日や時間帯によっても特性が変わってくるので、何度も足を運んで状況をチェックすることが大切です。

そして、お店の最寄り駅の利用状況も重要なポイントです。通勤・通学など、最寄り駅を利用する人を調べることで、あなたのお店がどんな人に利用してもらえるのかを把握しておきましょう。

②視認性

視認性とは、確認のしやすさです。視認性が高いほうが、集客に有利です。もちろん、外装によって視認性を高めることもできますが、そもそもビルに囲まれた場所や、他店の大きな看板があってお店が隠れてしまうような場所は適していません。

③階層

1階の路面店は、集客に有利です。2階の空中店舗もしくは地下は、賃料を抑えることが可能です。2階は、店舗が見えやすく、階段などに看板を設置することができれば視認性も高くなります。

④道路状況

建物は道路に面しているのか。その道路は一車線か、二車線か。さらに、横断歩道の位置が集客に影響することもあります。

⑤駐車場

専用駐車場、もしくは近隣にコインパーキングがあるか。特に郊外は、駐車場があるかないかで機会損失を招くこともあります。

駐車場の台数は、来店するグループ数（≒テーブル数）、最低でも席数の3分の1、もしくは半分が理想的です。

⑥競合店の有無

出店エリアに、競合となるお店があるかどうか。競合店が多いからといって、マイナスとは限りません。そのエリアには、それだけカフェのニーズがあるという受け取り方もできるからです。

⑦物件の広さ

目標の売上を達成するだけの客席数が確保できるか。もちろん、広いほうがいいのですが、広すぎると工事費や人件費が増えるというデメリットもあります。

⑧賃料

家賃は固定費なので、無理は禁物です。利益を出すための適正コストかどうか、売上から逆算してみましょう。家賃の10倍の売上が見込めるかが基準で、「客単価×客数＝1日の売上」「1日の売上×月の営業日数＝1カ月の売上」です。

⑨店舗履歴

以前、どんなお店が入っていたテナントなのか。もし、頻繁にお店が入れ替わっているような場所であれば、飲食店のニーズがないのかもしれないので要注意です。前のお店がなぜ閉店したのかも調べましょう。

あなたのカフェのこだわりポイントは？

MY カフェコンセプトを見ながら、重要度を★の数でチェックしてみよう！

①人通り・交通量（重要度☆☆☆☆☆）

②視認性（重要度☆☆☆☆☆）

③階層（重要度☆☆☆☆☆）

④道路状況（重要度☆☆☆☆☆）

⑤駐車場（重要度☆☆☆☆☆）

⑥競合店の有無（重要度☆☆☆☆☆）

⑦物件の広さ（重要度☆☆☆☆☆）

⑧賃料（重要度☆☆☆☆☆）

⑨店舗履歴（重要度☆☆☆☆☆）

Lesson

4

店舗物件の種類

▼それぞれメリット・デメリットがある

物件を選ぶ際には、店舗物件は住居物件とは違う点も多いことを理解しておきましょう。

店舗物件を選ぶ際に必ず知っておきたいのは、店舗物件には種類があるということです。「スケルトン物件」「居抜き物件」などがあり、それぞれの物件にはメリット・デメリットがあります。それらを理解し、あなたのお店に合った物件を探しましょう。

・スケルトン物件

スケルトン物件とは、床・壁・天井・内装などが何もなく、建物の躯体だけの状態で引き渡される物件です。

レイアウトを自由に決めることができ、物件数も豊富にあるのがメリットです。ただし、一からの設計・工事が必要になるので、初期投資はどうしても高くなってしまいます。

・居抜き物件

床・天井・壁・厨房・トイレなど、前に営業していた店舗内の主要設備が残っている物件です。

初期投資が抑えられる、オープンまでの期間を短縮できるといったメリットがあります。一方で、レイアウトに制限があるなど、理想の物件を見つけにくいことがデメリットといえるでしょう。

・レンタルスペース

レンタルスペースは、賃貸契約ではありませんが、最近増えてきている出店スタイルです。月単位などで一定期間借りられるものから、1日だけの出店ができるものまで、用途によって選べるようになっています。

今後は、もっと増えていくかもしれないので、出張イベントや1日だけの模擬出店体験として活用するのもいいかもしれません。

「居抜き」と「スケルトン」のメリット・デメリット

	居抜き	スケルトン
メリット	● 前の店の内装をそのまま引き継げるので、 ・低予算 ・工事期間短縮 が実現できる。 ● 前の店が同業の場合、地域に認知してもらうのが早い。	● ゼロから設計できるので、理想の店舗をつくりやすい。 ● 設備が新品で故障の心配が少ない。 ● 前の店の負のイメージがあれば、払しょくできる。
デメリット	● レイアウトが変更しにくい。 ● 前の店の印象を引き継いでしまう。 ● 機材の寿命が心配。 ● 前の店から造作譲渡費用を請求されることも。	● 内装費用が大幅にかかる。 ● オープンまで時間がかかる。

Lesson

5

居抜き物件契約での注意点

▼開業後のことも念頭に置いておこう

居抜き物件は、コストが抑えられるので人気がありますが、物件数は多くありません。しかし、最近は閉店する飲食店も多く、物件数も徐々に増えているので、探してみるのもおすすめです。

居抜き物件を契約する際は、以下のことに注意しましょう。

【設備】

- **電気、ガス、水道、排水などが機能しているか**
- **配線や配管の位置は大丈夫か**
- **設置されている機器は使用可能か**
- **新たな設備・機器を設置する際、接続や電気・ガス等の供給は問題ないか**

設備・機器は、すべて譲ってもらえるとは限りません。どこまで造作譲渡の範囲なのか、費用は必要なのかを事前に確認しましょう。

【入居条件】

- **前のお店がリースした設備が残っていないか（リース代請求）**
- **撤去・処分費用、厨房機器の搬入費、原状回復費**
- **造作上の価格は適正か**

原状回復の際にトラブルにならないよう、必ず写真を証拠として残しておきましょう。造作譲渡はあくまで前オーナーとの契約なので、貸主や不動産会社は関与しません。必ず、契約時に確認しておきましょう。

【主観・イメージ】

- **内装や什器は、コンセプトに合っているか**
- **前のお店が閉店した理由は克服できるか**

居抜き物件は、契約後に大幅なレイアウト変更はできません。スケルトンに戻してリニューアルすると、さらに費用がかかるので注意が必要です。

低コストの「居抜き物件」を内覧で選ぶポイント

✔ 電気・ガス・水道（排水）

・各設備は機能しているか
・位置は問題ないか

✔ 機器

・必要機器がそろっているか
・使用可能か
・譲ってもらえる機器は？
・どこまでが造作譲渡の範囲か
・譲り受けるのに費用は必要ないか

✔ 厨房機器の搬入費用

・カウンター越しや壁を壊して設備を搬入している場合、その設備が壊れたり、買い替えなどで不要になったとき、壁やカウンターの工事が必要にならないか

✔ 新たに設置する機器

・設置する場所や電気・ガス・水道の接続や供給は問題ないか

✔ リース品

・リース代を請求されるものが入っていないか

✔ 内装や什器

・コンセプトに合ったものを使用しているか

POINT

前のお店のイメージは開業後もついて回るもの。
前のお店が閉店した理由も調べておきましょう。

Lesson

6

不動産屋さんとの上手な付き合い方

信用できる不動産屋さんの見つけ方

店舗物件は、住居物件とは違う点が多いとお伝えしました。そのため、数ある不動産屋さんの中にも、店舗物件に強い会社があるのです。そのような不動産屋さんと上手に付き合うことができれば、とても心強いですね。

信頼できる不動産屋さんを見つけるには、コツがあります。わかりやすいのは、**宅建業免許番号を確認する**ことです。宅建業免許番号とは、不動産業者が宅地建物取引業を行なうための免許を受けた際に、割り振られる番号です。「○○県知事（☆）第12345号」などの番号が入った免許が、店舗内のどこかにあるはずです。

この免許番号のカッコ内にある☆に記載された数字は、宅地建物取引業免許の更新回数を表しています。宅建業の免許は5年に1回更新されるので、(3)とあれば10年以上営業しているお店だということであり、これがひとつの信用の指針にもなります。

そして、免許更新回数よりも大切なのは、その不動産屋さんがきちんと対応してくれるかどうかですよね。ここで、信用できる不動産屋さんのポイントをお伝えします。

・管理物件の有無

物件の仲介だけではなく管理もしている会社は、大家さんや貸主さんとの関係が築けているということです。

・周辺の店舗出店事情に詳しい

本当に実績がある不動産屋さんであれば、周辺に出店した店舗の事情に詳しいはずです。

・成約事例を持っているか

実際に契約が決まったテナントの事例を聞くのも、実績があるかどうかを見極める方法です。

店舗物件に強い不動産屋さんの見分け方

- ✔ 宅建業免許番号
  ……（　）内の数字が3以上だと、10年以上営業
- ✔ 管理物件の有無
- ✔ 周辺の店舗出店の事情に詳しいか
- ✔ 実際に契約したテナントの例を教えてもらう

宅地建物取引業免許を8回更新し、35年以上の営業実績があることがわかる

（例）

宅地建物取引業者票	
免許証番号	岐阜県知事（8）第12345号
免許有効期間	令和21年 2月 7日から 令和26年 2月 6日まで
商号又は名称	株式会社 文化不動産
代表者氏名	代表取締役 文化 太郎
この事務所に置かれている専任の宅地建物取引士の氏名	看板 次郎
主たる事務所の所在地	岐阜県岐阜市芋島4丁目5番3号 電話 058-247-0414

POINT

いい不動産屋さんが見つかったら、味方になってもらいましょう！

Lesson 7

不動産屋さんに好印象を与えるアクション

不動産屋さんに信用してもらおう

いい不動産屋さんが見つかったら、今度はあなたが不動産屋さんに信用してもらう番です。不動産屋さんは、お客様だけでなく、大家さんや管理業者さんたちとのつながりも大事にしています。そのため、不動産屋さんも、信用できるお客様を紹介したいと思っています。

不動産会社の担当者に好印象を持ってもらうためのポイントは、以下のとおり。

- **その物件が気に入った理由**
- **MYカフェコンセプトシートや事業計画書**
- **出店に対する意欲、熱意、出店希望時期**
- **自己資金**
- **有力な保証人**
- **店舗運営のノウハウや実績**
- **立地を考えた集客方法や収支計画**
- **身だしなみ（ジャケット着用など）**

ここでも、MYカフェコンセプトの詰まった事業計画書が役に立ちます。

大家さんとのお付き合いも大事

ここで忘れてはいけないのは、不動産屋さんのビジネスパートナーは大家さんだということ。大家さんからすれば、実績のない新規開業者に店舗を貸すのは、高い家賃・保証金を支払う能力があるのかと不安なはずです。最低限のマナーは心がけましょう。

一方で、空き店舗を放置しておくよりも、安くても貸すことで資金を回したいという大家さんもいます。立地周辺の相場を調べて、保証金や礼金、家賃、家賃発生時期（フリーレント）などは交渉の余地があるかもしれません。家賃はこの先ずっと支払っていくお金です。契約前に必ず交渉をしてみることをおすすめします。

不動産屋さん・大家さんに信用してもらうためのチェックリスト

- 出店したい業態やコンセプト
- 出店時期
- 物件選定の理由
- 出店への意欲や熱意
- 開業資金の準備状況
- 自己資金と融資の利用有無
- 今までの経験やノウハウ
- 集客方法や収支計画

「MYカフェコンセプトシート」や「事業計画書」を持参して説明することがPOINT！

創業融資を受ける場合は、融資が決定したら物件を借りることを必ず伝えておきましょう。

POINT

初めての開業・出店の場合、家賃や保証金を支払う能力があることをしっかり示して、安心してもらうことが大切。
そうすることで、不動産屋さん・大家さんに信用してもらい、応援してもらいましょう！

Lesson

8

物件契約までの流れ

興味のある物件はどんどん見に行こう！

物件の契約までには、次のようなステップを踏むことになります。

①内覧を申し込む
②周辺調査
③物件内覧
④設備等、概算見積り
⑤物件申し込み
⑥契約書の取り交わし
⑦契約内容の確認（重要事項説明）
⑧契約金の支払い

融資が必要な場合は、賃貸契約前に手続きを終わらせておきましょう。

契約にかかる初期費用の相場は、

・前家賃……家賃1カ月分
・敷金（保証金）……家賃6～10カ月分
・礼金……家賃6～12カ月分
・火災保険料……年間3～4万円
・仲介手数料……家賃0・5～1カ月分
・共益費……家賃の5～10％
・造作譲渡料……前オーナーとの交渉

なお、手付金が必要な物件もあるので、確認しましょう（保証金の1割程度）。

物件は、実際に見に行ってみないとわからないことがたくさんあります。また、多くの物件を見れば、チェックするポイントもわかるようになってきます。

物件を選ぶ中で、坪数・家賃が想定外の規模になることもあるはずです。自分の中で妥協できるところ、絶対にこだわりたいところを整理して、後悔しないよう、できるだけたくさん物件を見るようにしてください。特に、優良物件は競争が激しいので、まずは飛び込んでみる勇気も必要です。

良さそうな物件を見つけたら

1 内覧を申し込む

・恥ずかしがらずに、数を見るためどんどん申し込む

2 周辺調査

・どんな人が住み、どんなニーズがあるのか
・単価、正面通行量、駅からの距離などをリサーチ

3 物件内覧

・必要な調理設備、エアコン・給排水設備・トイレがあるか
・リースラインの確認
・看板は出せるのか（有料か無料か）
・他店の評判
・周辺の情報（お店、会社、学校、病院）
・近所の特性や営業可能時間

4 設備等概算見積り

・つくりたいお店をイメージし、工務店などに見積りを依頼する

5 物件申込

・不動産会社に申込書を提出
・契約金も同時に支払う

6 契約書の取り交わし

・内容を必ずチェックしてからサインすること

7 契約内容の確認（重要事項説明）

・宅建主任者からの物件説明
・重要事項説明書も必ず内容をチェック

8 契約金の支払い

・契約金を支払って、初めて契約になる。
契約金は、必ずこのときに用意しておくこと

Lesson

9

物件契約の注意点

保証金償却などをチェック

あなたの理想のカフェを叶えられる物件が無事に見つかったら、いざ契約となります。ここで、契約書にサインする前に、チェックしておきたいことがあります。

契約書に、「保証金の償却3％」「解約時償却2カ月」などの記載があれば、保証金償却があるということです。これは、保証金の一部が貸主の収入となり、保証金の残高が減ってしまうので、必ず確認してください。また、賃料などの支払い方法と支払日、さらに更新料の有無も確認しましょう。

ガスの種類は、都市ガスとLPガスで使える設備が変わってくるので確認が必要です。また、看板の設置方法などは、近隣とのトラブルを避けるためにも、確認しておきましょう。

契約日はもちろん、いつから賃料が発生するのかは、工事をしている期間のコストにも影響します。

解約時の契約も確認しよう

お店を開業するときに確認しておかなければいけないのは、契約時に必要となる資金だけではありません。解約の際にどれだけの費用が発生するのかを確認しておらず、後でトラブルになるケースもあるので、注意が必要です。

原状回復義務とは、契約を解約し、借りたときの状態に戻すことです。居抜き物件などは、どこまで原状回復すればいいのかを共有しておかなければいけません。

同じく、解約予告は、退去する何カ月前までに告知すればいいかが記載されており、事前告知の期間が長ければ交渉も可能です。退去時に損をしないように、しっかり確認しておいてください。

契約書チェックリスト

契約書にサインする前に、
必ずチェック！

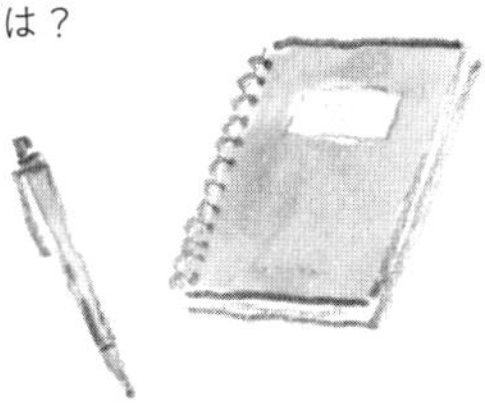

- **敷金・保証金（一部返ってくるお金）**
  保証金償却の有無
- **礼金（返ってこないお金）**
  オーナーに交渉できないか
- **共益費、管理費**
  水道光熱費の分担、ごみ処理代、看板代、町会費などは？
- **販促費**
  販促費がかからないか
- **駐車場割り当て**
  お店の駐車場として使えるか
- **更新料**
  契約期間がある場合、更新時に発生。地域によって違う
- **駐車場の確保**
  お客様の駐車場を確保できるか
- **電気容量**
  店舗に見合った電気容量があるか
- **ガスの種類（都市ガス・LPガス）**
  使用できない設備があるので注意。ガス代にも影響する
- **看板設置（設置費用、看板設置の自治体条例）**
  看板はどこに設置できるのか
- **家賃の発生時期**
  契約日はいつになっているか
- **解約予告時期**
  解約時期はいつか、原状回復義務はあるのか、定期借家ではないか
- **消防について**
  防火管理者の選任はどうなっているか
- **火災保険の内容**
  火災保険の有無
- **トラブル発生時の解決方法**
  連帯保証人は必要か。業態、営業時間、屋号変更などの縛りはないか

Lesson

10

理想のカフェを実現する店舗内外装の基本

店舗設計には「施設基準」がある

物件が契約できたら、いよいよ内外装工事に入ります。しかし、ここで知っておきたいのは、すべて思いどおりにレイアウトできるわけではないということ。

カフェには、設計する際に必要な施設基準があります。その基準にそって、店舗レイアウトを考えて工事を行なわなければいけません。細かい基準に関しては、設計士さんと相談しながら進めていけばいいことですが、ある程度は把握しておくと、イメージから大きく外れることなく、設計の打ち合わせもスムーズに進むでしょう。

施設基準の詳細については、各地域の保健所で確認してください。

店舗の動線のつくり方

店舗づくりで意識したいのが「動線」です。動線とは、人がどのように移動するかを示す線のこと。特に飲食店では、お客様にスムーズに商品を提供するための動線づくりが重要になります。

それはお客様に限ったことではなく、自分（スタッフ）が動きやすいものにすることも大切です。たとえば、食器棚をどこに設置するのか、配膳をスムーズに行なうために盛りつけた料理をどこに置くのか、下げてきた食器を置いておくラックをどこに設置すれば皿洗いをスピーディーに行なえるかなど、動線によって提供できるサービスの質や働きやすい環境づくりに大きく関わってきます。

また、居心地のよい空間を実現するにも、動線が役立ちます。たとえば、入口と出口が2つあれば、人がぶつかることなく出入りすることができます。いろいろな状況をイメージしながら、お客様もスタッフも満足できる動線を何度も見直しましょう。

主な施設基準

※煙・臭い等で、隣近所に迷惑をかけることもあるので、排気口の位置にも配慮する

床面
平滑で1.5/100以上のこう配をつける

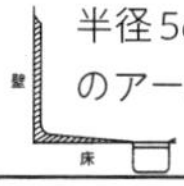

半径5cm以上のアール

フード
天井面より垂直に取り付ける

換気扇
必要な場所に十分な能力があるもの（20～30㎥/h）を備える

網戸
窓には網戸をつける

内壁
床面から1.5m以上の高さまで、タイル・コンクリート等で整備

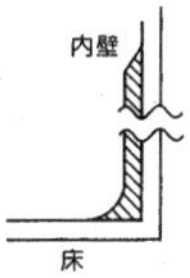

床面と内壁面との接合部分には丸みをつけ、掃除をしやすいようにする

排水みぞ
蓋付きで、底面には適度な丸みをつける
会所には網かご等をつける

まな板・包丁
食肉用、魚介類用、野菜用、生食用等を使い分ける
生食用まな板は合成樹脂性を使用

湯沸器

熱湯を十分に供給できるようにする

シンク（流し台）
ステンレス製で、2層以上設置

廃棄物容器
蓋付きで、十分な大きさがあり、合成樹脂等でつくられたものを設置

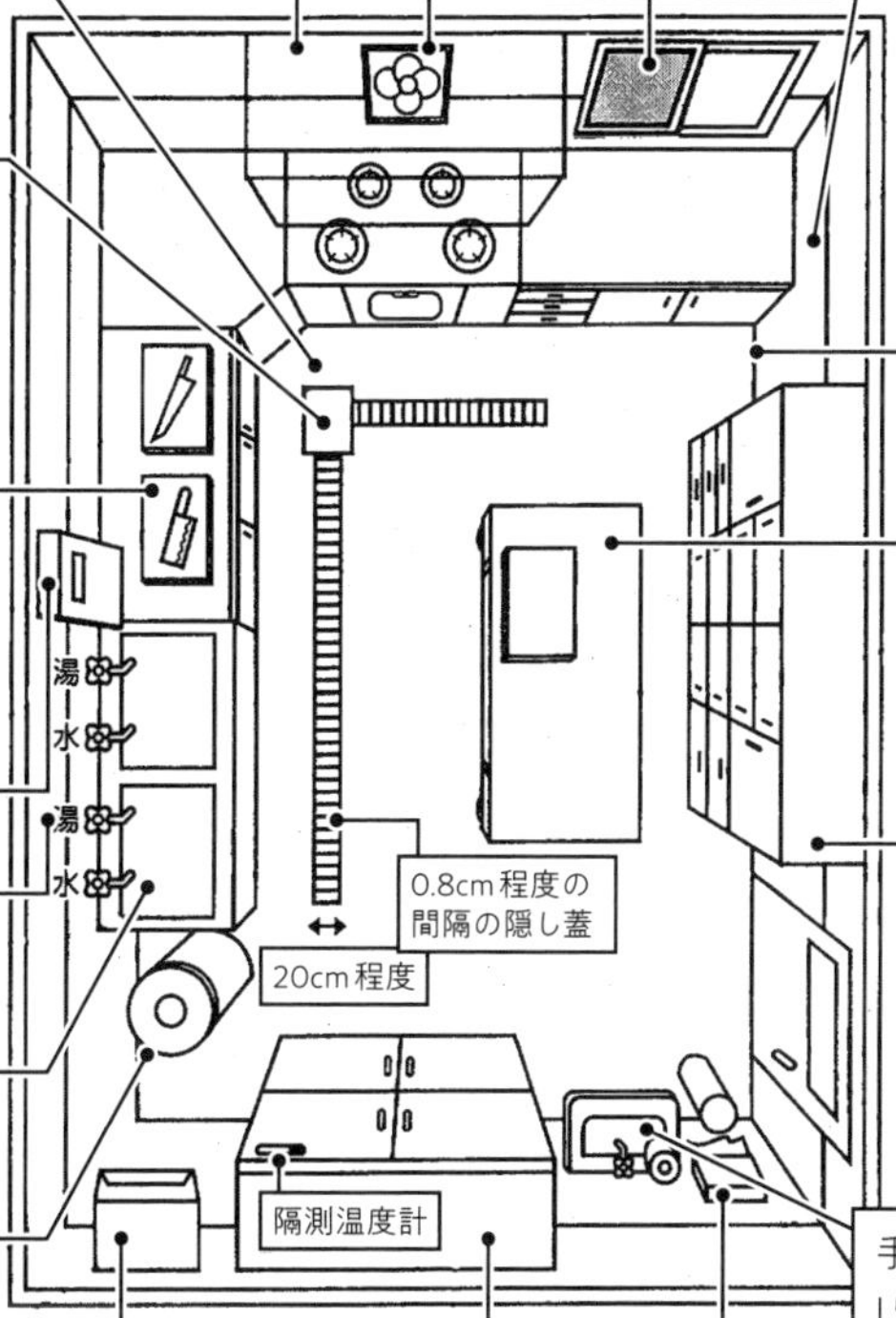

0.8cm程度の間隔の隠し蓋

20cm程度

隔測温度計

調理台
ステンレス等でつくられた床面から高さ60cm以上のものを設置

食器戸棚
扉があり、ステンレス等でつくられ、天井面にすき間ができないものを設置

手洗い設備
L5サイズ（幅40cm×奥行32cm）以上の大きさで、消毒液（逆性石けん等）、爪ブラシを備える

エアコンディショナー
調理場内は湿度80％以下、温度25℃以下が目安

冷凍庫・冷蔵庫
庫内の温度管理は定期的に温度計で行なう

ペーパータオルやロールタオル等を用意

天井
隙間がなく平滑で耐水性材料でつくられたもの
照明器具は天井面に埋め込み、ほこりがたまらないようにし、300ルクス以上の明るさを確保

※参照：大阪市ホームページ「飲食店等の食品衛生法に基づく営業許可関係」 https://www.city.osaka.lg.jp/kenko/page/0000004299.html

※詳細は出店予定地の所轄の保健所で確認してください。

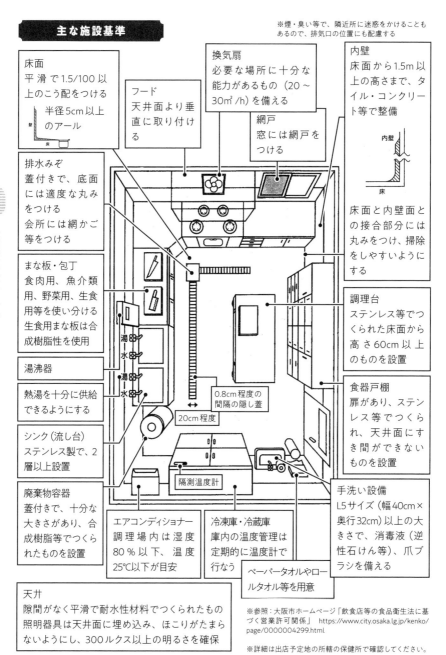

Lesson

11

MYカフェコンセプトにそった内外装にしよう

コンセプトはどんなときも忘れずに！

内外装の工事に入ると、忘れてしまいがちなのが、最初に掲げたコンセプトです。コンセプトにそった店舗デザインにすること、そして、コンセプトをもとに作成した収益計画どおりに運営していけるかどうかが大事です。

コンセプトから外れることなく、店舗づくりを進めていくために必要な3つのポイントをご紹介しましょう。

①顧客満足度（CS）

顧客満足度とは、お客様がまた来たいと思うお店にすることです。「お客様が楽しめるように、テーブルを大きくしよう」「お客様がくつろげるように、カウンター席の間隔をあけよう」など、お客様にとって雰囲気がいい、居心地がいい環境をつくるという軸を忘れないようにしましょう。

②従業員満足度（ES）

従業員満足度は、カフェで働くスタッフが調理やサービスがしやすい店舗づくりをすることです。オーダー、デシャップ、ドリンク・調理、提供、下げもの、洗い場といったオペレーション動線の確保や、レジや伝票の配置などを働く人に合わせることで、ストレスを感じない店舗づくりを目指します。

もし、あなたが1人で運営するカフェの場合は、あなた自身がストレスを感じない環境をつくればいいということです。

③経営満足度

最後に、経営満足度は、キャッシュフローが生まれ、経営者であるあなたが「商売は楽しい！」と思える環境です。

経営満足度を高めるのは、オーナーであるあなたしだい。答えは、あなたの心の中にあるはずです。

コンセプトを軸に、細かな部分までイメージしよう

顧客満足度

外観
かわいく？
それともシックに？
コンセプトに合った
外観とは？

内装
お客様にとって、居心地のいい空間にするには？
床や壁の色、素材まで詳細に

入口
お客様に見つけてもらうために、目印になる看板も必要

照明
料理の見え方や内装の雰囲気にも影響大！
イメージをふくらませて

食器
食器も料理の一部。
メニューコンセプトに合ったセレクトを

家具
お店の利用シーンをイメージしながら、テーブルの大きさや間隔も考えて

従業員満足度

調理場の動線
シンクやコンロの配置など、動きやすい設計になっているか

店内の動線
料理の提供から下げるときまで、一連の動作がムダなくできるように

従業員スペース
着替えや休憩などができる場所の確保は？

Lesson

12

カフェの内外装工事のスケジュール

さて、いよいよ内外装工事がはじまります。物件契約をしたときには、店舗デザイナーと工事をする施工業者は決めておきましょう。

物件の契約をしてから業者を探していては、設計や工事に時間がかかってしまい、ムダなコストが発生してしまいます。ここで、工事のスケジュールを確認しておきましょう。

・オープン7カ月前【業者選定・見積依頼】

まずは、デザイナーと施工業者の選定です。このときに、概ねの見積り依頼もしておきます。

・オープン6カ月前【業者決定・設計】

物件探しをしながら、業者を決定します。「ここだ」と思う物件があれば、物件の立会いもお願いして、設計を進めていきます。

・オープン3カ月前【物件契約・レイアウト決定】

物件が決まれば、物件契約を行ないます。それと同時に工事が可能になるので、本格的に内外装や設備機器などの店舗レイアウトを決定していきます。

・オープン2カ月前【施工・内装選定・決定】

施工業者による工事がスタートします。工事が終わったら、テーブルや机、棚などの家具も選定していきましょう。

・2週間前【引き渡し】

物件の引き渡しとなり、オープン準備を進めます。

▼ カフェのイメージを決める家具の選び方

店舗の内観を彩るのは、内装工事だけではありません。テーブルや椅子など、配置する家具のイメージも大事です。内装をシンプルなものにして、自分の好きな家具を並べることで、イメージどおりのお店づくりをしていくこともできます。中古家具をうまく活用するなど、費用とデザインを両立させるのもひとつの方法です。

店舗工事の流れ

1年～10カ月	
～7カ月	業者選定 見積り依頼
～6カ月	業者決定・設計 ※物件立ち合い
～3カ月	物件契約・レイアウト決定
～2カ月	施工 内装選定・決定
～1カ月	↓
～2週間	引き渡し
オープン	
オープン後	動線見直し 棚・収納の追加

POINT

ムダなコストや時間をかけないように、
工事スケジュールを管理しましょう。

Lesson

13

業者選びと付き合い方

いいデザイナー・施工業者とは？

工事が成功するかどうかは、業者選びがカギを握ります。

最初に見積りを依頼するので金額で選んでもいいのですが、自分のコンセプトに合った店舗づくりをするためには、いい業者さんを選びたいですよね。

店舗づくりを成功させるための方程式があります。それは、「**いいデザイナー＋いい施工業者＋自分＝いいお店**」です。

それでは、いいデザイナーさん、いい施工業者さんとは、どんな人たちのことでしょうか。

ここでは、デザイナーや施工業者を選ぶための3カ条をご紹介します。

①自分のカフェコンセプトを理解してくれる人

自分のやりたいことやデザインばかりを主張してくるデザイナーは避けましょう。

②十分な実績を持つ人

実際に飲食店やカフェを多数デザインした経験がある人を選びましょう。

③細かく、わかりやすく説明してくれる人

わからないことがあっても、質問できないままでは困ります。話しやすい人柄も重要です。

毎日、現場に行って理想のカフェを実現しよう

実際に工事がスタートしたら、そこでオーナーの仕事は終わりではありません。しっかり内容をすり合わせたつもりでも、もしも、イメージと違うものができあがってきたらどうしますか？　工事がはじまったら、できる範囲でいいので、工事の進捗状況を確認するようにしてください。

どんな状況や条件になっても、イメージのすり合わせを徹底的にすること。工事がはじまってからも現場に足を運べる関係性を築きましょう。

店舗づくりを成功させる方程式

いいデザイナー + いい施工業者 + 自分 = いいお店

各業者の役割

●デザイナー
依頼主からコンセプトや予算をヒアリングし、店舗の内装デザインを行なう。
完成予想図のスケッチやパースでデザインを提案。

●設計士
完成したデザインをもとに、予算を考えながら、具体的な設計図を描く。

●施工業者
デザイン会社からの紹介、または複数業者からの相見積もりで選ぶケースも。
内装のインテリアから間取り・家具の工事、さらに電気・ガス・水道などの工事も担当する。

業者の選び方3カ条

①自分のカフェコンセプトを理解してくれる
②実績がある人
③説明をわかりやすく、細かく対応してくれる人

POINT

自分が思い描く店舗のイメージは、業者ととことんすり合わせましょう。毎日、現場に行って、自分で管理することも大事！

Lesson

14

あなたのカフェを支える設備

▼基本的な厨房設備

内外装工事と同時に、設備の搬入・設置も行なっていきます。ここでは、カフェの中枢でもある厨房（洗い場・ドリンク場・調理作業場）に必要なものを見ていきましょう。

・**洗い場**……食器等を洗浄する洗い場は、2槽以上のシンクを設置するのが望ましいです。食洗機は1槽としてカウントできます。洗い場は、配膳スタッフとの動線に注意した場所に設置し、お客様から見えないように工夫します。厨房の入口すぐにつくると、作業がスムーズになります。

・**ドリンク場**……コーヒー用品（マシン、機器、ミル、グラインダーなど）やジューサーなど、ドリンクを用意するための機器は手が離せないものがほとんど。そのため、客席近くに設置することが理想です。冷蔵庫や製氷機、シンクなどの設備、食器棚などの収納位置との関連性も考えて設置しましょう。

また、湯沸しの方法や浄水器、お冷を出す作業動線や、コンセントの数、使える電気の容量も確認しておきましょう。

・**調理作業場**……厨房で最も大型の機器が集まる場所が、調理作業場です。効率を考え、冷凍庫、冷蔵庫、ガス機器（もしくはＩＨ）、オーブン、電子レンジ、ストッカー、パスタマシン、フライヤー、トースター、ミキサー、炊飯器などを設置する場所を確保します。コンロの近くにシンクがあれば便利です。

お店の規模によっては、業務用ではなく家庭用の調理機器を選択してもいいでしょう。

・**収納**……調理場の収納は、衛生面に配慮しなければいけません。扉付の食器棚、食材保管用（常温、冷蔵、冷凍）、アイスストッカー、ラック、引き出しなどを設置します。

基本的な厨房設備

洗い場

・食洗機

・2層以上のシンク

ドリンク場

・冷蔵庫

・製氷機

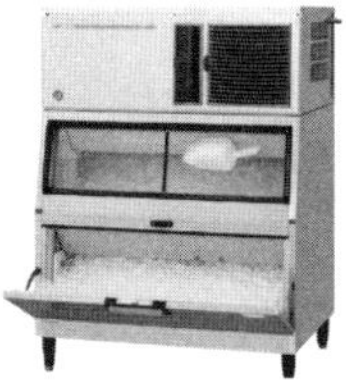

・エスプレッソマシン

・コーヒードリップ

収納

・冷蔵庫

・ラック

調理作業場

・オーブン

・ガス機器もしくはIH

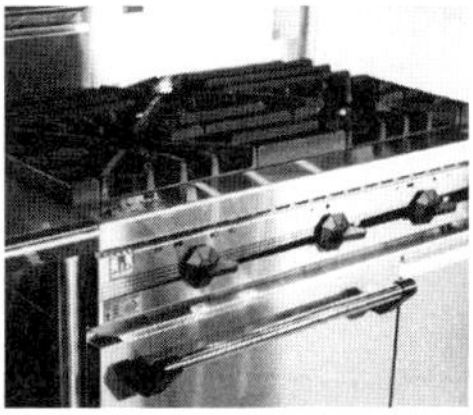

Lesson

15

中古設備・リースの活用法

中古設備のメリット・デメリット

厨房機器など、カフェで使う設備はお金がかかります。しかし、店舗の規模によっては業務用ではなく家庭用を選択するなど、さまざまな方法でコストを抑えることができます。

たとえば、中古設備を使うのも、選択肢のひとつです。購入するのはリサイクル店なので、いい商品に出会えるかどうかはわかりませんが、見つけることができたら、コストは断然抑えることができます。

・メリット……新品で購入するよりも安く手に入る、償却期間が短い。

・デメリット……初期不良やパーツ不足、購入後すぐに壊れるリスクがある。設置の人員を手配しなければいけない、見た目に使用感がある。

リースのメリット・デメリット

中古設備を使うことに抵抗があるという人は、リースを活用するのも、選択肢のひとつです。

リースとは、必要な機械設備などをリース会社が代わりに購入し、長期にわたり賃貸する取引のこと。契約した人は、毎月一定の金額を決められた期間支払います。リースを使うと、新品同様の綺麗な設備を使うことができます。最終的な支払金額は割高になってしまいますが、自己資金が少なくても開業を目指すことができます。

・メリット……初期投資を抑えられ、リース代は経費として計上できる。メンテナンス代も、契約によって料金に含まれる。契約期間後は、格安での購入、再リースも可能。

・デメリット……月々の支払いが割高で、トータルの支払額は購入するよりも高い。契約期間途中での解約は不可で、残高支払いで買い取る。契約期間後も、自分のものにはならない。

失敗しない！　中古設備を選ぶポイント

- ✔ 壊れやすい電化製品を避け、まずは家具から検討する
- ✔ 電化製品は保証があるか確認する
- ✔ 中古は一点ものなので、複数のお店で探し、一番状態のいいものを選ぶ
- ✔ 厨房機器は、できるだけ専門のリサイクル店で探すと安心
- ✔ 厨房設備など使用したことがないものは判断が難しいので、新品を選ぶことも大事

リースを検討するためのポイント

- **資金**
  - 購入するより高いが、初期投資を抑えられる
- **税金**
  - 購入すると資産として計上されるが、リース代であれば、経費に算入できるので管理しやすい
- **メンテナンス料**
  - 契約によって、メンテナンス代が必要ない
  - 契約期間途中での解約はできないので、長く使えば使うほどコストは上がる
- **資産**
  - 契約期間後は格安で購入か再リースも可能だが、最終的に追加料金を支払わなければ、自分のものにはならない
- **途中解約できない。閉店時に出費が必要になることも。**

POINT

リースのメリット・デメリットを理解して、資金と相談しながら検討しましょう。

Lesson

16

カフェのイメージを決める家具の選び方

自分の理想に合った家具を探そう

カフェの中で、空間の演出は、とても重要な要素となります。飲食店と違い、食事だけではなく、時間を楽しむ側面があるのがカフェだからです。

ここでは、その空間づくりに大きく影響する、家具やインテリアを選ぶコツをご紹介します。まずは、あなたのカフェコンセプトに合った、**イメージ&コラージュボード**をつくることからはじめましょう。

カフェが好きな人は普段から、気に入ったカフェや雰囲気のある家具などを、スマホなどで撮影して画像をストックしていると思いますが、それが開業の際に役立ちます。インターネットの画像検索で気になるカフェやインテリアショップの画像をキャプチャ保存してもいいでしょう。カフェデザイナーやクリエイターの方が使用している画像収集サービス「Pinterest」の活用も、さまざまなテイストの画像を集めることができ、おすすめです。

カフェの雰囲気をつくるのは、床材・壁紙・テーブル・イス・ソファ・照明・装飾品です。ボードづくりも、これを意識するとよいでしょう。カフェを開業する直前ではなく、ぜひ、準備期間から試してみてください。

実際の家具の購入時、施工業者に相談する際などに、ボードを共有することで、理想の家具をセレクトしてもらいやすくなります。

オリジナル家具というアイデアも

ＤＩＹが好きな人であれば、オリジナル家具をつくるのもおすすめです。

オークションサイトなどで破格で出品されている家具をリペアしたり、アレンジしたりすれば、カフェのコンセプトに合った、オリジナリティのある内装や雰囲気がつくれるでしょう。

MYカフェコンセプトを表現する家具

個性的なインテリアで人気のattic planning直営カフェ

POINT

カフェの雰囲気は、壁紙や照明、家具でガラッと変わります。
セルフリペアであなただけの一点物の家具にすることもできます！

Lesson
17
メニューの決め手にもなる食器の選び方

食器1つで差別化できる!?

最近の飲食店やカフェは、多様なジャンルが研究され、専門店も増え、メニューでオンリーワンをつくることは、ほぼ不可能といっていい時代です。

最近のカフェの集客で差別化できるポイントのひとつが、**画像映え**するかどうかです。実際、皆さんもカフェの店内画像や、店舗前の看板ボードのメニューを見て、カフェに足を運ぶことがあるでしょう。

メニューを考えるときには、SNSで人気が出そうなビジュアルイメージから企画することが大事なポイントです。そこでカギとなるのが、食器選びです。特に、女性のお客様は、飲食店やカフェに行くと、よく食器を見ています。「メニューが映える」「ついSNSにアップしたくなる」といった効果をもたらしてくれる食器を選びましょう。**食器とスタイリング（盛りつけ）までがメニューになる**ということを意識してください。

見た目と実益を兼ねた食器選びのコツ

食器は、洋食器・和食器があり、種類も豊富です。高級フレンチレストランで使用するようなプレートから100円均一の食器まで価格もさまざまです。

その中から、カフェのコンセプトに合った食器を選ぶコツは、**看板メニューで使用する「決め皿」と汎用品を分ける**こと。そして、店舗では食器が割れたり欠けたりするリスクが高いので、割れにくいものを選びます。コストバランスをとりながら、食器をそろえていきましょう。

食器の数としては、**ランチ営業中心なら、席数の2倍程度の数**をそろえておきましょう。食器が足りていないと洗う回数が増え、提供効率が下がります。また、多すぎても収納場所を取るだけですので、適正量を準備しましょう。

メニューをより魅力的に見せる食器

POINT

食器を選ぶ際は、提供するメニューとのバランスがとても大事です。盛りつけも意識しながら、あなたのコンセプトに合う食器を選びましょう！

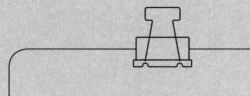

Chapter

7

愛されるカフェの秘密！

メニューづくりの法則

Lesson

1

メニューはお店の顔

メニューはコンセプトを伝える一番のツール

カフェの商品とは、メニュー、サービス、空間の3つです。この中でどれが欠けてもいいカフェはできません。特にメニューはお店の「顔」であり、お店のコンセプトを伝える大切なツールのひとつです。「あのお店に行けば、〇〇が食べられる！」という看板メニューや名物メニューがあれば、リピーター客を獲得でき、口コミやSNSなどでも話題になりやすく、新規顧客の集客にもつながります。

カフェに利益をもたらすメニューをつくろう

さらにもうひとつ、カフェ経営に欠かせないのは、「利益を出せるメニュー」です。原価率やロス、つくりやすさなどを考えながら開発することで、お客様に喜んでいただき、さらに安定した利益も出せる理想的なメニューに仕上げていきます。

メニューづくりの工夫は、以下のとおりです。①と②を合わせて50％以内に抑えることがポイントです。商品の魅力・適正価格・つくりやすさがメニュー開発のキーワードです。

①**食材の原価率を計算**……価格の20〜25％程度。

②**仕込み・提供にかかる人的コスト**……価格の25％程度。

③**器の選定**……洋食を和皿に、和食を洋皿に、汁物や温かいスープをガラス食器に使ったり、ふた付きの椀や重箱等で驚きを演出するなど。

④**盛りつけ方・見せ方の工夫**……色合い、高低を意識した盛りつけ、食材をぎゅっと寄せたり、空間に遊びを持たせる。小鉢を使う、お盆やトレイ、コースターを使用するのも工夫のひとつ。

⑤**提供時のパフォーマンス**……客席で商品を完成させる（商品にソースやトッピング、調味料をかけ、できたて感やシズル感を演出するなど）。

メニュー開発の３つのキーワード

・味がよい
・ボリュームがある
・品ぞろえ
（メニュー数、目玉商品）
・飽きさせない工夫　etc.

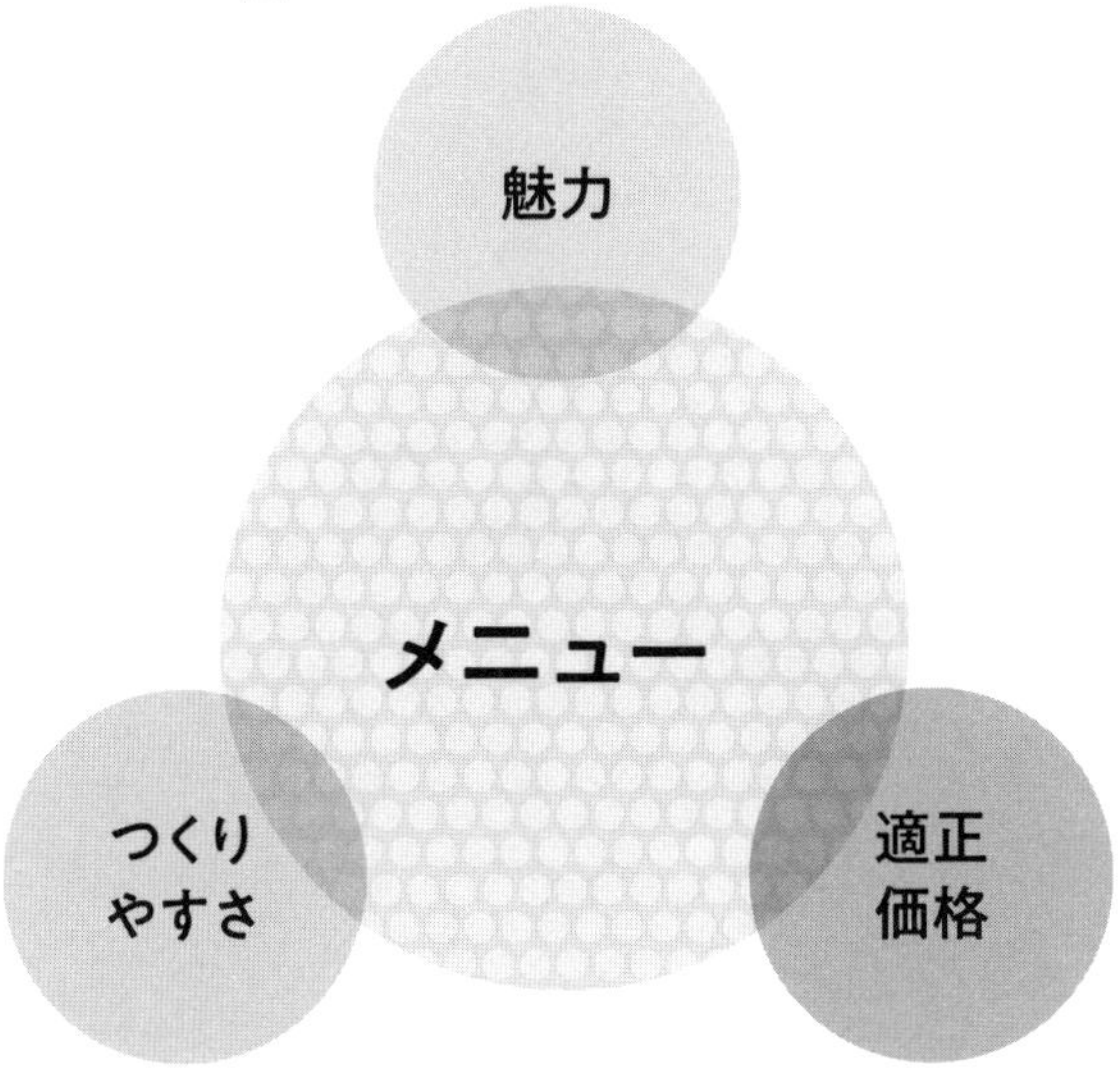

・材料
・仕込みのしやすさ
・作業性
・提供時間
・保存性　etc.

・お客様にとっての「適正価格」
社会的に見て相場かどうか、商品内容に見合った価格設定
・店側にとっての「適正価格」
原価率、ロス率を考え、利益を残せるかどうか

Lesson

2

お客様を飽きさせないメニュー構成

バランスのいいメニュー構成とは

メニューで大切なのは、数ではなく、バランスのいい構成です。メニューが多すぎると、お客様は選ぶのが手間になり、お店としては食材のロスにもつながります。

つくりやすくて提供しやすく、品質が高い看板商品を軸に、メニューに変化とバリエーションを加えながら考えていきましょう。

定番メニューと新メニューで飽きさせない

飲食店のメニューは、大きく「定番メニュー」と「新メニュー」の2種類に分けられます。

看板メニューなど、いつでも注文できるのが定番メニューです。オリジナリティがあって、さらにお店のコンセプトが伝わるメニューが理想的です。

新メニューは、新規客獲得だけでなく、常連客に満足していただくためにも必要です。定番メニューにはない「新鮮さ」や「限定感」を提供する役割を担っています。

新メニューの開発では、さまざまなチャレンジが可能です。季節の食材を使って限定感を出したり、流行りの食材や調理法を取り入れたりすることで満足度を高め、リピーターのお客様を飽きさせない工夫をしていきます。

新メニューを目当てに訪れた新規のお客様が定番メニューも気に入って、リピーターになってくれることも珍しくありません。「定番メニュー」と「新メニュー」の2本軸はとても重要なのです。

食事は五感で楽しむものです。視覚、嗅覚、聴覚、触覚……味覚にたどり着くまでに、さまざまな体験ができます。そんな五感を刺激するメニューを、あなたらしい発想で考えていきましょう。

カフェのメニュー構成を考えるヒント

● 定番メニューの役割

・看板メニューで常連客を獲得
・原価率のコントロールがしやすい
・食材のロスが少ない

● 新メニューの役割

・新規客の獲得
・常連客を飽きさせない
・季節の食材や流行りの調理法など、
チャレンジができる

POINT

✔ 数よりもメニュー構成
メニュー数が多すぎると、選ぶのが面倒になるので、注意が必要。いろいろな食材が必要になることで、ロスも増える。

✔ バランスのよい構成とは？
つくりやすく品質が高い看板メニューを軸に、お客様への還元商品、儲かる商品など、変化とバリエーションをつくる

Lesson

3

お客様を呼び込む看板メニューのつくり方

メニュー開発の3つのポイント

メニュー開発を進めるうえで、押さえておきたいポイントは、次の3つです。

①もう一度食べたくなる

②人に言いたくなる

③儲かる

もう一度食べたくなるような、そのお店でしか味わえない魅力のあるメニューがあれば、「こんなお店があるよ」と、人に教えたくなります。

珍しさやユニークさなどプラスアルファの要素が加われば、人が人を呼び、お客様が増えていくでしょう。さらに、そこに儲かる工夫や仕掛けがあれば最強です！

それでは、以下のステップにそって、実際にメニューを考えていきましょう。

ステップ①　メニューコンセプトを考える

お店のコンセプト同様、メニューにもコンセプトが大切です。「誰に」「食事を通してどんな体験をしてほしいのか」「どんな食材を味わってほしいのか」を考えます。

「健康」「安心・安全」「地産地消」「ココだけ」「心と体にやさしい」など、コンセプトになるキーワードを挙げていくと、イメージがしやすくなります。

どんなメニューにしたいのかわからない場合は、まずはマネをすることからはじめてみてもいいでしょう。ネットや雑誌で人気の商品を探し、徹底的にリサーチしてみてください。

ステップ②　オリジナリティを加える

コンセプトが決まったら、「オリジナリティ」を加えます。オリジナリティは、ストーリー性を加えることで生まれます。「産地にこだわった食材を使う」のであれば、生産者の顔が見える工夫をするなど、そのメニューの裏にあるストーリーを見せることで、オリジナリティが生まれます。ただし、考えすぎてお店のコンセプトから外れないよう注意しましょう。

ステップ③　ニーズとのバランスを考える

自分自身がつくりたい料理を提供することも大切ですが、お客様がいなければ飲食店経営は成り立ちません。メニュー開発には、お客様のニーズを把握することが大切です。

・男女比
・モーニングかランチか、それともディナーの利用が多いのかなど、時間帯の分析
・近隣の人気店はどんなお店か
・他店にはどんな人気メニューがあるのか
・テレビや雑誌で話題のメニューや食材は何か
・狙っているお客様の層が求めているものは何か

あなたがお店を開きたい商圏の地域性を分析しながら、「どういった商品が求められているのか?」というニーズを探って、把握することが大切です。

そのニーズに合った価格やボリューム、品質、盛りつけ、スピードといった内容を考え、時間帯や客層に合わせたサービス（ランチセットやケーキセット、お子様向けなど）を充実させていきましょう。

ステップ④　作業性を考える

作業効率の高さやつくりやすさも、メニュー開発には重要です。オーダーが入ってから仕込むのではなく、ある程度まで仕込みをしておいて、オーダーが入ってから仕上げるというのが一般的な流れです。

・仕込みのしやすさ
・つくり置きができるもの
・忙しい合間を縫って仕込みができるか
・提供までの時間は適正か
・つきっきりで作業するものか手が離せるものか

そのメニューは、今ある器具でつくれるものでしょうか。もし、新しく器具を導入する場合は、導入費用や設置場所、必要な電源が確保できるかなども考えましょう。さらに、同じようなものが既製品を使ってできないか、手間を削るにはどうすればいいかなど、簡単につくれる方法も考えてみましょう。実際の調理を想像しながら、メニュー構成を考えるとイメージしやすいですね。

ステップ⑤　集客につながる見た目を考える

高画質な写真が撮影できるスマートフォンの普及によって、料理の見た目が今まで以上に重要視されています。写真映えする料理を提供することは集客の面でも、とても大切なのです。

おいしい料理を提供することは、今や当たり前になっていますが、現代人が肥えたのは舌だけではありません。思わず写真に撮影して、誰かに教えたくなるような見た目も意識しましょう。

▼新メニュー開発のヒント

飲食店の大きな課題のひとつに「新メニュー開発」があります。新メニュー開発のヒントのひとつが、季節のものや旬のものをうまく取り入れること。

たとえば、同じ野菜を使ったトマトソースのパスタであっても、秋冬は根菜を使ったもの、夏はフレッシュトマトやバジルを使った冷製のものなど、食材の旬を理解し、季節のものを取り入れることで新鮮で魅力的な新メニューができあがります。

飲食業界では、毎年のようにトレンドが生まれます。普段からSNSや雑誌、TVなどのメディアで情報収集したり、業態は違っても繁盛店に足を運んでみたり、日々のメニュー研究は欠かせません。また、レシピを紹介するアプリや食品メーカーなどが運営するレシピサイトなども、メニューのレパートリーを増やすときのヒントになります。

大切なのは**トレンドを追い求めるのではなく、自店でいかに上手に取り入れていくか**。既存のメニューに「オン」していく方法を考えることです。既製品など活用できるものは利用し、積極的に新メニューや期間限定メニューをつくっていきましょう。

メニュー開発のステップ

Point

① もう一度食べたくなる
② 人に言いたくなる
③ 儲かる

メニューコンセプトを考える	店舗のコンセプトに合わせた内容にして、「誰に」「何を」「何のために」食べてもらいたいのかを考える。
↓	
オリジナリティを加える	「ココだけ」という特別感やストーリー性が大事。
↓	
ニーズとのバランスを考える	お客様はどういった商品を求めているのか、来店動機は何かを考える。
↓	
作業性を考える	仕入れのしやすさや仕込みのしやすさ、調理方法など、現場をイメージしながら現実的に考える。
↓	
集客につながる見た目を考える	食事は五感で楽しむもの。盛りつけにもこだわる。見た目の印象がSNSでの拡散やクチコミにもつながる。

Lesson

4

正しい値付けをしよう

商圏エリアのお財布事情を知ろう

何度もお伝えしているように、長く愛されるカフェを経営するには、利益を出すための数字管理も大切な業務。その土台となるのが、メニューの値付けです。

まずは、あなたのお店がある商圏エリアにいるお客様のお財布事情を知りましょう。お財布事情とは、その地域の相場です。相場は、周りの競合店の価格帯を調べていくことで、見えてくるはずです。

相場を把握し、適正な販売価格をつけていきましょう。

お客様の適正価格と店側の適正価格は違う

適正価格には、お客様にとっての適正価格と、店側にとっての適正価格があり、この2つは考え方が大きく違います。

お客様にとっての適正価格は、コストパフォーマンスの高さです。

「社会的に見て相場かどうか?」

「商品内容に見合った価格設定かどうか?」

つまり、お得感や価格以上の満足感などが、重視されるのです。

一方、**店側にとっての適正価格とは、原価やロスの比率を考え、利益を残せる価格かどうか**です。利益を出したいからといって価格を上げすぎると客数を失うことにつながるので、バランスを考えることが大事です。

お客様の満足度は価格で変わりますが、ただ安ければいいというわけではありません。ボリュームや味、見た目など、トータルで期待を超えられるかどうかです。

利益を最大限出せて、満足度が提供できる価格をつけましょう。

適正価格とは？

お客様にとっての適正価格

＝

コストパフォーマンスの高さ

大切なのは価格ではなく、価格に対する品質。
「安い」と「リーズナブル」は違う！

コストパフォーマンスは安さではありません。
価格と品質を総合的に見た満足感が大事！

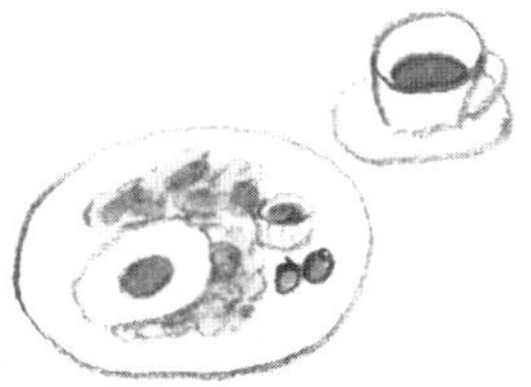

店側にとっての適正価格

＝

原価やロス率を考え、利益を出せる価格

提供時間や品質の安定なども考え、お客様の満足度を得られる価格であることも重要。
「おいしい」＝「儲かる」ではない！

お客様の満足度と店側の利益。両方を得られる価格設定にすることが、カフェ経営のカギになります。

Lesson

5

原価から価格を考える

カフェ経営のカギとなる粗利益

こだわりの食材や調理法でおいしい料理を提供しても、お客様にコストパフォーマンスがいいと感じてもらえても、利益を出せなければ経営を続けることはできません。

ここでは、正しい原価計算を行ない、利益を出せる売価の算出方法についてご説明します。

経営で重要なのは、売上に対して、仕入れた材料の原価がどれだけかかったかを把握すること。これで、おおよその利益を計算することができます。これを粗利益といいます。

粗利益の計算式は、「粗利益＝売上－原価」です。どれだけの利益が出るのかを予測できたら、お客様の満足度をクリアしながら、最大限の売上をあげる価格設定が可能となります。

原価率とは？

価格を決めるのに、重要なのは原価です。原価とは、「一皿をつくるための材料・調理にかかる諸経費」。原価率とは、売価に対する原価の比率のことをいいます。

原価率の計算式は、「原価率＝原価÷売価」です。一般的な飲食店の原価率は25～30％ですが、すべてのメニューがそうである必要はありません。大切なのは、**ロスを含めてメニュー全体の原価率が30％**であることです。

原価は、「食材原価」「人件費」「その他諸経費・固定費」に分けることができます。最終に残る利益を仮に20％に設定すると、かけられるコストは80％になります。

その中で、いかに食材原価の割合を多く確保できるか、そのために削れるコストはないかを調べていきます。

原価率とは？

原価率＝原価÷売価

原価には、食材以外の諸経費が含まれることを忘れずに！

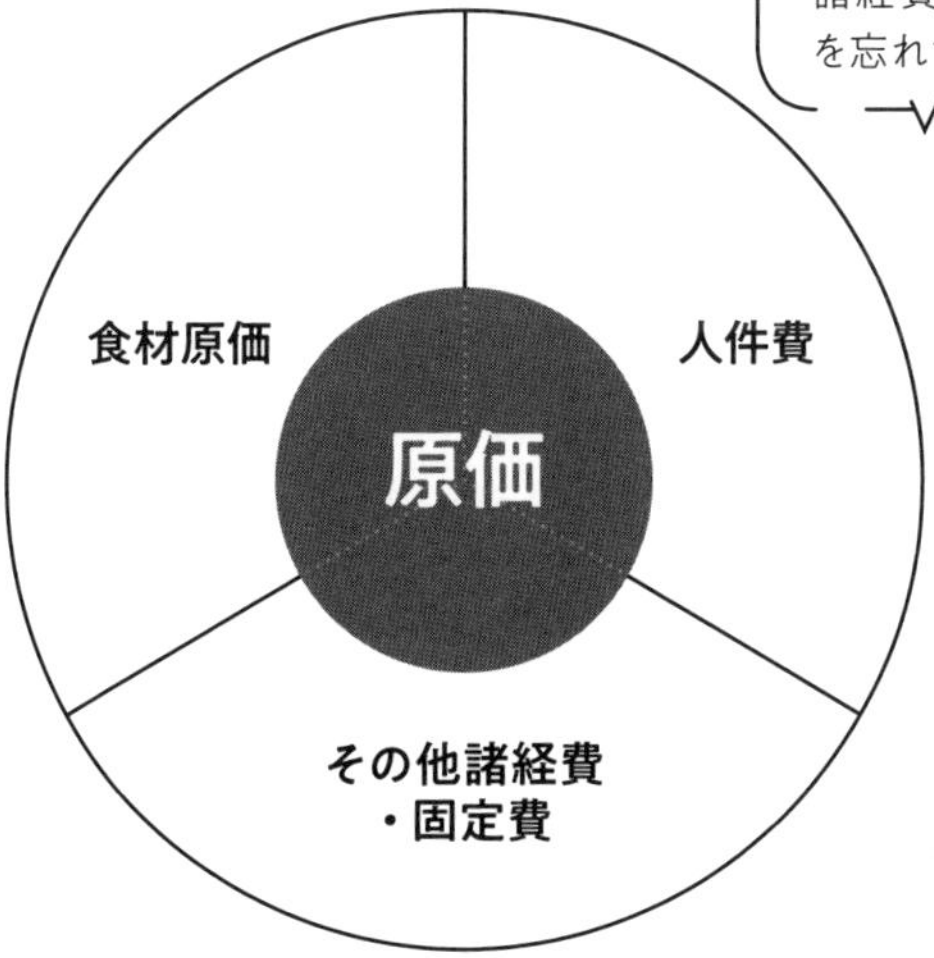

Hint!

どこにコストをかけるかがポイント！

最終的に残る利益を20%にした場合、かけられるコストは80%。

食材原価にコストをかけながら、人件費もしくはその他諸経費・固定費を抑える必要がある。

あなたのカフェのコンセプトや店舗モデルを想定し、どこにコストをかけるかを決めていこう。

Lesson

6

あなたのお店の原価計算をしてみよう

原価率は平均に合わせる必要はない

原価率が高くお客様に還元するメニューと、原価率が低く店側に還元されるメニュー、その平均がお店の原価率になります。

品質が高い看板メニューを軸に、原価率は高いが集客できる目玉商品、原価率が低く利益が出せる商品をつくり、メニューに変化とバリエーションをつけることが大事です。

目玉商品がお客様への還元メニューであり、目玉商品のオーダーが増えることで原価は上がっていきます。

日玉商品として人気なのは、「〇人様限定」「〇食限定」などの限定商品です。

高原価の還元商品を人数限定にすることで、原価率を下げるだけではなく、お得感と特別感を演出することができ、集客効果にもつながります。

原価計算の方法

では実際に、あなたが出したいメニューの原価や売価を計算してみましょう。

①使用する食材1つあたりの原価を算出します。

② ①で原価として出した食材の1皿あたりの使用量を書き出し、トータル原価を計算しましょう。

③売りたい価格がある場合は、「**原価率＝トータル原価÷売価×100**」で、原価率を算出します。また、原価率を設定し、「**売価＝原価÷原価率**」の計算式で、売価を出す方法もあります。

④利益は、売価からトータル原価を引いた数字です。「**利益率＝利益÷売価**」の計算式で、利益率がわかります。

原価率は平均に合わせるものではない

目玉商品では儲からないので、バランスが大事！

適正原価
イチオシ商品
つくりやすく、提供しやすく、品質が高い。適正原価で販売できるお店の看板商品

原価率が高い
目玉商品
原価率が高く、集客できる商品

原価率が低い
儲かる商品
原価率が低く、利益率が高い商品

原価率が高いメニュー、低いメニューをバランスよく構成することで、お客様の満足度を高め、利益を上げることができます。

原価率を計算してみよう

Q. 売価250円のプリンを例に考えてみましょう。

①原価

牛乳　1,000ml　200円（100cc ／ 1個）　→　200 × 0.1
卵　10個　200円（1個／ 1個）　→　200 × 0.1
グラニュー糖1kg　200円（25g ／ 1個）　→　200 × 0.025
バニラ10本　5,000円（0.005本／ 1個）　→　5,000 × 0.0005

②トータル原価

メニュー名　プリン

食材名	価格	使用料	原価
牛乳（1,000ml）	200円	100cc	20円
卵（10個）	200円	1個	20円
グラニュー糖（1kg）	200円	25g	5円
バニラ（10本）	5,000円	0.005	2.5円

売価
250円

トータル価格	③原価率	④利益率
47.5円	19%	81%

Lesson

7

利益を上げるロス管理

▼見えないロスをなくそう

ロスをできる限り省くことは、健全な経営を行なうための最低条件です。

ロスによって発生した金額は「ロス高」といい、どれだけの商品がロスしているのかを「ロス率」で管理します。

仕込みや発注、納品などによって出るロスを省くために、まずはどんな場合にロスが発生するかを見ていきましょう。

・廃棄

仕入れた食材をムダなく使いきるには、まずは廃棄量を把握することから。食材と残飯の廃棄バケツを別にすれば、廃棄物の内容は一目瞭然です。

・調理ミス

レシピを簡単にするなど、調理方法を工夫することでミスが防げます。

・発注・納品ミス

ムダな在庫を抱えてしまわないように、管理ノートで納品のチェックを都度行ないましょう。

・盗難

残念ですが、盗難が起こることもあります。管理ノートと定期的な棚卸で、在庫を管理しましょう。

・オーバーポーション

過剰なサービスは禁止です。友人が来店してくれると、ついついサービスしたくなりますが、これもダメです。投資とムダなサービスの見極めも、経営者には必要です。

▼データ管理

日別・週別・月別と、メニューごとに、それぞれどの時間に、どれだけ売れたのかがわかるように表にして、見やすい場所に貼っておきましょう。仕込みや発注の指標になります。

食品ロスを徹底管理

- 廃棄量を把握するため、食材と残飯の廃棄バケツを別にする
- 調理ミスを減らすために、レシピを簡単にするなど工夫する
- 発注・納品を管理する。管理ノートをつくり、都度チェックする
- 盗難などが起こらないよう、定期的に棚卸を行なう
- 過剰なサービスをしない

ロス高　＝
帳簿上の在庫高（理論在庫）－棚卸在庫高（実在庫）

【例】仕入れ量 100kg － 売れた・使った量 70kg
　　＝理論在庫 30kg － 実在庫 20kg ＝ロス 10kg

ロス率　＝
ロス高　÷　売上高　×　100

飲食店のロス率の目安は 3 ～ 5%

POINT

飲食店で利益が伸びない原因のひとつとして挙げられるのが食品ロス。捨てる食材をなるべく減らすことを考えましょう。

Lesson

8

ロスの出にくいメニュー設計をしよう

ロスを管理して利益を伸ばす

ロスは、飲食店で利益が伸びない要因のひとつ。つまり、ロス管理を徹底することで、利益を伸ばすことができるということです。

使う材料が増えると、その分の原価率が上がるだけでなく食材ロスにもつながります。しかし、同じ食材でも、揚げる、蒸す、焼くといった調理法や、組み合わせを変えることでバリエーションを増やし、変化をつけることができます。

また、ベースソースをつくり、そこから新たな派生ソースをつくるなど、工夫しだいで、ロスを減らすこともできます。

材料を、個数で決めずにグラムで決めるのもいいでしょう。個体差がある材料だと、個数で決めてしまうとバラつきが出てしまうので、グラムで決めるほうが、ムダが少なくなります。

時間的な問題で発生するロスを減らす工夫もあります。仕込みでほぼ完成させて、オーダーが通ってからの調理アクションは、揚げるだけや温めるだけなど、2ステップ程度に収めることです。

提供するポーションに分けておくことで、盛りつけの時間を短縮できます。

ロスのないレシピのつくり方

ロスの出にくいレシピづくりで大事なのは、いつでも、誰がつくっても、同じ味、同じ量になることです。誰でもつくれるシンプルなレシピにすることで、調理ミスをなくし、効率よく提供できる体制づくりにもつながります。

レシピ表には、タイトル、原価、売価、グラム、盛りつけ写真、使用する調理器具、作成手順などを盛り込んで、共有します。動画を活用するのもおすすめです。

ロスをなくすための現場テクニック公開！

高根三枝さんが経営する「玄三庵」のメニューをチェック!

【39品目の健康定食】
1,100 円（ランチ時）

- 基本は、 メイン料理以外はつくり置き。 温め直して提供
- ランチの提供時間は 5 分以内
- ランチメニューは4種類（1種類は動物性食材不使用）

POINT

メニュー開発をするときは、あらかじめ仕込みをどこまでして、注文を受けてからどれくらいの時間で仕上げるかを考えます。仕込みや提供に時間がかかると、他のメニューの提供時間や営業自体に支障が出てしまう恐れも。

Lesson

9

客単価から組み立てるメニュー構成

客単価を上げるか、回転数を上げるか

メニューの構成について考えていく前に、まずは客単価を設定しましょう。客単価とは、お客様1人が1回の来店で使う金額のことです。

客単価を設定すれば、売上予測が立てやすくなり、対策も練りやすくなります。

必要な月商は、次の計算式で計算します。

月商（売上）＝客席数×回転数×客単価×営業日数

客単価を上げるか、回転数を上げることで売上がアップします。

回転数を上げるためには、着席から提供までのスピードアップなどの対策が求められるでしょう。

客単価を上げるためには、たくさん注文してもらうための工夫や、高くても注文してもらえるメニューの開発が効果的です。

ただし、むやみに客単価を上げようとすると、客数を失う可能性もあります。自分がやりたいことや、コンセプト、立地、ターゲットとのバランスに注意してください。

客単価から客数を組み立てる

客単価を設定したら、月に必要な客数を組み立てていきます。

目標常連客数＝売上÷客単価÷利用頻度（月の来店回数）

お客様の利用頻度と、月の目標常連客数を明確にすることで、あなたがやるべき行動が明確になっていきます。そして、利用頻度を明確にするためには、お客様の利用動機を明確にする必要があります。

そういったことを踏まえながら、カフェの売上とお客様のニーズを満たすバランスのよいメニュー構成や価格設定をしていきましょう。

必要客数を計算してみよう

月商 ＝ 客席数 × 回転数 × 客単価 × 営業日数

月の目標常連客数 ＝ 売上 ÷ 客単価 ÷ 利用頻度

Q. あなたのお店を想定して、計算してみましょう。

A　1カ月の売上目標は？　＿＿＿＿円

B　想定している客単価は？　＿＿＿＿円

C　お客様の利用頻度は？　＿＿＿＿回／月

Hint!

Cは利用動機を明確にすることがポイント

【例】ランチ利用で「週に2回」程度の来店を想定して「月に10回」と記入。

あなたのお店のコンセプトやターゲットにしている客層をイメージしながら考えよう。

A（売上） ÷ B（客単価） ÷ C（利用頻度）

＝ 目標常連客数

POINT

お客様の利用動機を明確にすることで、ニーズにそったメニュー構成ができます！

Lesson
10
メニューに変化をつけよう

メニューは増やさず変化をつける

メニューには、お客様を飽きさせない演出（変化）が必要になります。

ただし、漠然とメニューの数を増やしていくだけでは、原価率やロス率が上がってしまいます。限られたメニュー数の中で、変化やバリエーションをつけていきましょう。

たとえば、**「週替わり」「日替わり」「曜日替わり」「季節限定」といった限定商品を定番メニューと組み合わせる**ことで、少ないメニュー数で変化をつけていくことが可能です。

日替わりメニューがあれば、毎日訪れても飽きませんし、数量限定メニューがあれば、その数量だけは売り切ることができます。

これらをうまく活用し、客単価をアップさせる工夫をしていきましょう。

客単価アップを狙うセット組み

客単価を上げるもうひとつの方法が**セット組み**です。たとえば、原価率35％のランチに原価率10％のコーヒーをセットにすることで、客単価を上げるだけでなく利益もアップさせることができます。

セット組みにすると、お得感が増し、さらに選ぶ楽しみもプラスされます。原価率の高い目玉商品と儲かる商品をうまくセット組みにすることで、顧客満足度を高めつつ、店側の利益にもつなげられるのです。

接客の際には、「お食事とご一緒に、ランチタイム限定のスイーツセットはいかがですか？」「カフェタイムはドリンクとケーキのセットがお得です」といった積極的な推奨（声がけ）を行なうようにしましょう。声がけは親近感となり、再来店や常連客化のきっかけにもなります。

限定商品で、メニューに変化をつける

メニュー数
(変化の演出)

メニューには、お客様を飽きさせないための演出(変化)が必要。しかし、漠然とメニュー数を増やしていくと、原価率とロス率が上がっていく。増やしたら、必ず何かを削ることを意識しよう。

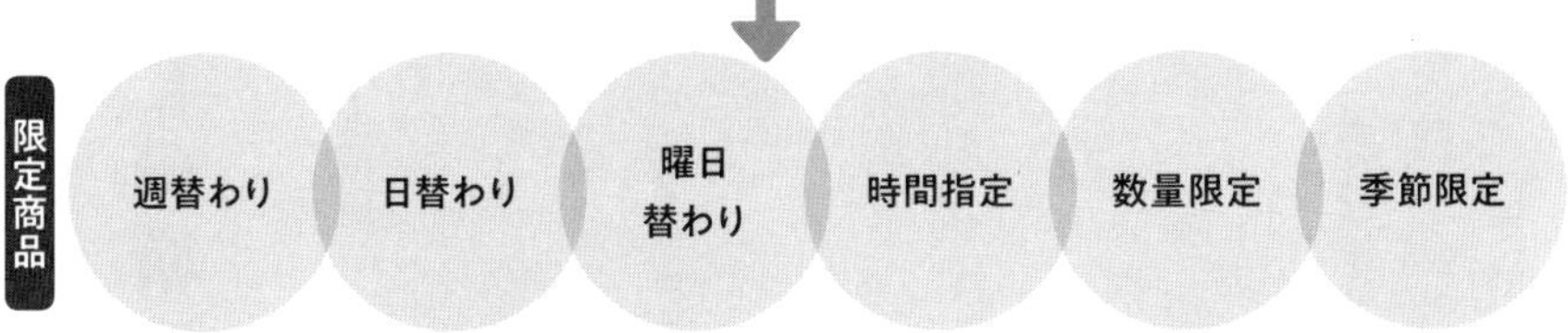

定番メニューと限定商品を組み合わせることで、少ないメニュー数で、より変化をつけていくことができます。ランチタイムの利用を考えているなら「日替わりメニュー」、観光地で一見さんも多いなら「季節限定メニュー」で単価をアップさせることも。お客様のニーズに合わせましょう!

セット組みで客単価アップ!

【例】 原価 350 円・売価 1,000 円(原価率 35%)のランチに
原価 20 円(原価率 10%)のコーヒーを 1,200 円でセット販売

→原価 370 円/原価率は約 31%に下がる

「セットのドリンクはいかがですか?」
「ランチタイム限定のスイーツセットはいかがですか?」
など、積極的な声がけも単価アップには欠かせません。

Lesson
11
メニューが多い場合は、ABC分析でメニューを管理

カフェの売れ筋メニューを理解しておく

ABC分析とは、「重点分析」とも呼ばれる手法で、たくさんある指標の中から優先順位を決めて管理していくマーケティング方法です。個人店のカフェではメニュー数を絞ることが基本ですが、コンセプトや立地によってメニュー数の多いカフェでは役立つ考え方で、特に売上分析に用いられています。

何十種類ものメニューの中から、どんなメニューが売れ筋かを理解することで、仕入れや推奨の強化を見直すことができます。

それでは、ABC分析の具体的なやり方を見ていきましょう。まず、メニューを次の3グループに分類します。

- Aグループ：累計売上高70％までのメニュー
- Bグループ：累計売上高70～90％のメニュー
- Cグループ：累計売上高90％以上のメニュー

Aグループから順に、よく出ているメニューということになります。このAグループを重視し、より伸ばす方法を考えていきます。

あまり出ていないB・Cグループのメニューの仕入れや仕込み、推奨に力を入れるのはロスになります。ムダをなくすためにも、B・Cグループのメニューは入れ替えや修正を行なっていきましょう。

看板メニューが売れ筋になればベスト

カフェの看板メニューがAグループに入っていることが理想です。もし入っていなければ、店内販促に力を入れていきましょう。

小規模なお店において、**ABC分析に表われる数字は、頑張って推奨しているかどうかの結果**です。推奨を行なっている商品は、おのずとAグループへと上がってきます。ABC分析は、店舗の頑張りを映し出す、通知表のような役割もあるのです。

ABC分析とは？

売上比率＝商品の売上高÷全体の売上高×100

累計売上高は最も売上高が高い商品を基準に足し算をして、
全体の売上高の何%を占めているかを算出する。

	商品名	売上高	売上比率	累計売上高
Aグループ	a	450,000円	45%	45%
	b	250,000円	25%	70%
Bグループ	c	100,000円	10%	80%
	d	80,000円	8%	88%
Cグループ	e	60,000円	6%	94%
	f	40,000円	4%	98%
	g	20,000円	2%	100%
	合計	1,000,000円	100%	

全体の売上高

定番メニューが
ここに入っているのが
理想

都度、
入れ替えや修正を
行なっていきましょう

【例】商品c以上の累計売上高

45%（商品a）＋25%（商品b）＋10%（商品c）＝80%

Lesson

12

メニューブックのつくり方①

お客様の目を引くレイアウトのアイデア

カフェ自慢のメニューをお客様に直接アピールするのに、最も重要なツールが「メニューブック」です。戦略的にメニューブックをつくることで、売上アップやリピート化につなげることができます。

ここでは、お客様を惹きつけるメニューブックづくりのポイントをご紹介します。

・**レイアウトの工夫**……メニューは見る人にとって、求めている情報がすぐに見つかるように、構成する必要があります。

・**カテゴリー分け**……飲み物と食事、デザートのメニューが混在していては、わかりづらくて決めにくいですね。お客様は不満を募らせてしまうかもしれません。

「冊子型のメニュー」であれば、ページごとにカテゴリーを分ける、「1枚メニュー」ならカテゴリーの見出しをわかりやすく入れるなどして、レイアウトを工夫しましょう。

・**売りたいものは大きく左上に**……人の目線は、左上からアルファベットの「Z」を描くように流れます。この目線の動きを利用して、店側が売りたいメニューは左上に大きく載せましょう。

「おすすめ」「定番」といった表示をつけて、そのほかのメニューと差別化するのも効果的。お客様の目にとまりやすくなります。

・**五感を刺激する写真を使う**……どんなに魅力的なメニューでも、おいしそうに見えなければ意味がありません。食事は五感で楽しむもの。おいしくなさそうな写真は逆効果です。

撮影に自信がなければ、プロに依頼することも検討しましょう。

売上アップにつながるメニューブックの見せ方

「Zの法則」

目線は左上から流れる。売りたい商品は大きく左上に配置

写真の見栄えは売上に直結!
・高解像度の写真を使用する
・太陽光で撮影する
・食材の一部に赤・緑・黄色を入れ、盛りつけの華やかさを意識する
・印画紙に印刷すると仕上がりがきれい

写真に大小をつけるなど、レイアウトの強弱を意識して

クレームブリュレ
¥720
○○○○○○○○○
○○○○○○○○○
○○○○○○

チーズケーキ
¥720
○○○○○○○○○
○○○○○○○○○

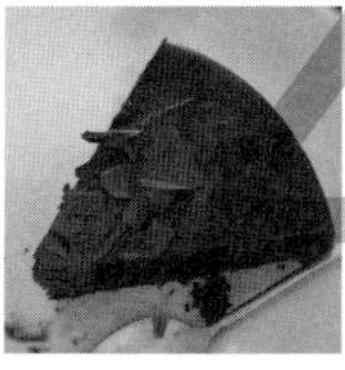

ガトーショコラ
¥720
○○○○○○○○○
○○○○○○○○○

Lesson

13

メニューブックのつくり方②

▼ お客様の心に響く伝え方

メニューブックは、カフェのコンセプトをお客様にアピールできるツールです。お店の想いやこだわりがしっかり伝わる工夫をしましょう。

・キャッチーなネーミング……お店の顔である定番メニューはわかりやすさ、想像しやすさ、注文しやすさを重視しましょう。

一方、新メニューは、食材の産地や生産者の名前を入れるなどして、他店との差別化を図ります。驚きや珍しさを名前に取り入れて、お客様が「新しいメニューにトライしたい」と思えるような、お客様の好奇心を刺激する工夫を考えましょう。

・ストーリーを書く……どんな素材を使っていて、どんなこだわりを持ってつくっているかといったストーリーを打ち出すことで、お客様の興味をそそることができ、コストパフォーマンスを感じていただきやすくなります。

・サイドメニューで客単価アップ……原価率の低いサイドメニューや、お得なセットメニューをつくれば客単価を上げることができます。目玉商品の近くに記載するといった工夫で、オーダー数を増やすことが可能です。

・松竹梅の法則を活用する……値段の異なる3つの商品が並んでいる場合、お客様は真ん中の値段の商品を選ぶ傾向があります。

①日替わりランチ　800円
②おすすめランチ　1200円
③スペシャルランチ　1600円

このように、一番売りたい商品（ここではおすすめランチ）を真ん中に配置する手法を「松竹梅の法則」といいます。

売上アップにつながるメニューブックの伝え方

「食べてみたい」と思わせるキャッチーなメニュー名。「ふわふわ」「もちもち」などの言葉を入れるのも効果的。

パソコンの文字と手書き文字を組み合わせる。強調したいポイントは手書きで作成すると、目立つ。

地鶏たまごのふわとろオムライス　1200円

～自家製デミグラスソース有機野菜のサラダ添え～

○○農園の地鶏たまごをぜいたくに使用した、ふんわりとろけるオムライスです。完熟トマトをじっくり煮込んだデミグラスソースでお召し上がりください。有機野菜のサラダ付き

【お得なセットメニュー】

セットドリンク　200円

- オリジナルブレンドコーヒー
- 紅茶
- ウーロン茶

デザートセット　300円

本日のデザート

セットメニューで客単価をアップ！
原価率が低いものを合わせれば、利益率アップも狙える。お客様に対しては、いろいろ選べる楽しさとお得感のアピールにも。

こだわりやストーリーを打ち出すことで、お客様の興味をそそることができる。付加価値が付き、コストパフォーマンスにもつながる。

Lesson

14

仕入れ業者の選び方

仕入れ業者の見つけ方

メニュー開発が進んだら、次は安定して食材を仕入れるためのルート確保です。

仕入れ業者の見つけ方はさまざま。たとえば、飲食ビジネス関連の展示会やイベントに足を運んだり、カフェやレストランの経営者や開業希望者に向けた専門雑誌や専門書で調べたり、知り合いや修行時代のツテをたどるのもいいでしょう。

仕入れ業者の選び方には、ポイントがあります。

・**相見積りの実施**……複数の業者から見積りを取り、できる限りいい商品を低コストで仕入れられる業者を選びます。

・**品質のチェック**……価格だけでなく、品ぞろえや品質の確認も忘れてはいけません。野菜や肉、豆といった生鮮食品は特に注意が必要です。また、品質に難があった場合の対応について事前打ち合わせをしておきましょう。

・**納品業者との取り決め**……発注方法や納品方法、支払日などの取引条件を決めます。

・**配送日時の確認**……何曜日の何時に配送があるのかなど、お店の仕込み時間に合わせて受け取れるよう、配送日時の確認をします。

継続的な関係をつくろう

仕入れ業者とは、長い付き合いになります。お互いに無理のない条件で、気持ちのいい取引ができる業者を選びましょう。

仕入れ業者は、新商品や売れ筋の商品の紹介から、業界のトレンドや動きまで、さまざまな情報を教えてくれます。あなたのカフェを宣伝してくれるお客様になる可能性もあります。よりよい関係づくりを目指しましょう。

食材の主な仕入れ先

- **卸売業社**

卸売業者（食品総合卸）は最も一般的な仕入先のうちのひとつです。小売店より安く商品を仕入れることができ、品揃えも豊富です。店舗までの配送や掛売りなども対応ができますが、個人カフェの場合、小ロットでは対応していただけないケースもあります。

- **卸売業社（オンライン・ネット販売）**

ネットストアから食材を仕入れることもできます。商品によっては、割引き価格で仕入れることができます。掛売りやクレジットカード決済なども使用できるストアがほとんど。小ロットでもだいたいの場合、対応していただけますが、値引き交渉ができなかったり、金額により配送料がかかるケースがあります。

- **近所の小売店**

ご近所のスーパーや八百屋さん、お肉屋さんなどは、実際に商品を手にとって購入できますので、とても便利です。ですが、商品の品揃えが少なかったり、価格が高く、配送もしていただけません。現金購入かクレジットカード購入はできますが、掛売り対応もできません。

- **業務用スーパー**

一般的な小売店よりも品揃えが豊富で、価格が安いことがメリットです。ご近所にあれば、急な仕入れなどにとても便利です。小売店同様に、現金購入、持ち帰りが基本ですので、配送はしていただけないケースがほとんど。

- **生産者**

こだわりのメニューのために、契約農家からの直接仕入れも検討できます。最近では農家さんとのマッチングサービスなどもありますので、以前のように農家さんを探す大変さも減ってきました。カフェの売上が安定して、食材仕入れの量が定まってきたら、契約もしやすくなります。

POINT

知り合いのカフェオーナーや、厨房機器などの取引業者に紹介してもらうのもおすすめ。フードショーや展示会なども新しい食材情報やメニューづくりのヒントになります。

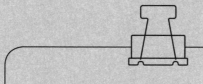

Chapter

8

お客様がサポーターになってくれる！

小さなカフェの集客・販促

Lesson 1

リピーターであふれるカフェに必要なこと

▼あなたのカフェのサポーターを増やそう

カフェの工事も終わり、販売するメニューも考えたら、あなたのカフェをたくさんの人に知ってもらうための集客をしていきましょう。

1人でも多くのお客様に知ってもらい、お店に足を運んでいただくためには、集客のための販促・宣伝活動をしなければいけません。

集客には、新規のお客様を増やすための「プロモーション」と、一度来ていただいたお客様にリピーターになっていただく「ファン・顧客化」があります。リピーターになった常連客は、売上に貢献してくれるだけでなく、お店の魅力を発信してくれる、心強いサポーターにもなってくれます。

▼集客は開業前から無料でできる

カフェの集客やプロモーションとなると、「お金がかかりそう」「私にはできないかも」といった声をよく聞きます。確かに、ホームページをデザイナーに発注したり、カメラマンに撮影を依頼したりと、以前はお金もセンスも必要でした。

しかし、最近はスマホの普及で、SNSの利用者が一気に増加。個人カフェの集客やプロモーションの最大のツールとして、SNSの活用はマストといっても過言ではありません。

SNSは、無料で手軽に誰にでも運用することができ、開業前から情報発信をしてファンをつくることができます。

ホームページは、開業後に落ち着いてから制作をしても十分です。デジタルツールは、どんどん進化するので、新しいものを取り入れながら、サポーターを増やしていきましょう。

集客から固定客化への流れ

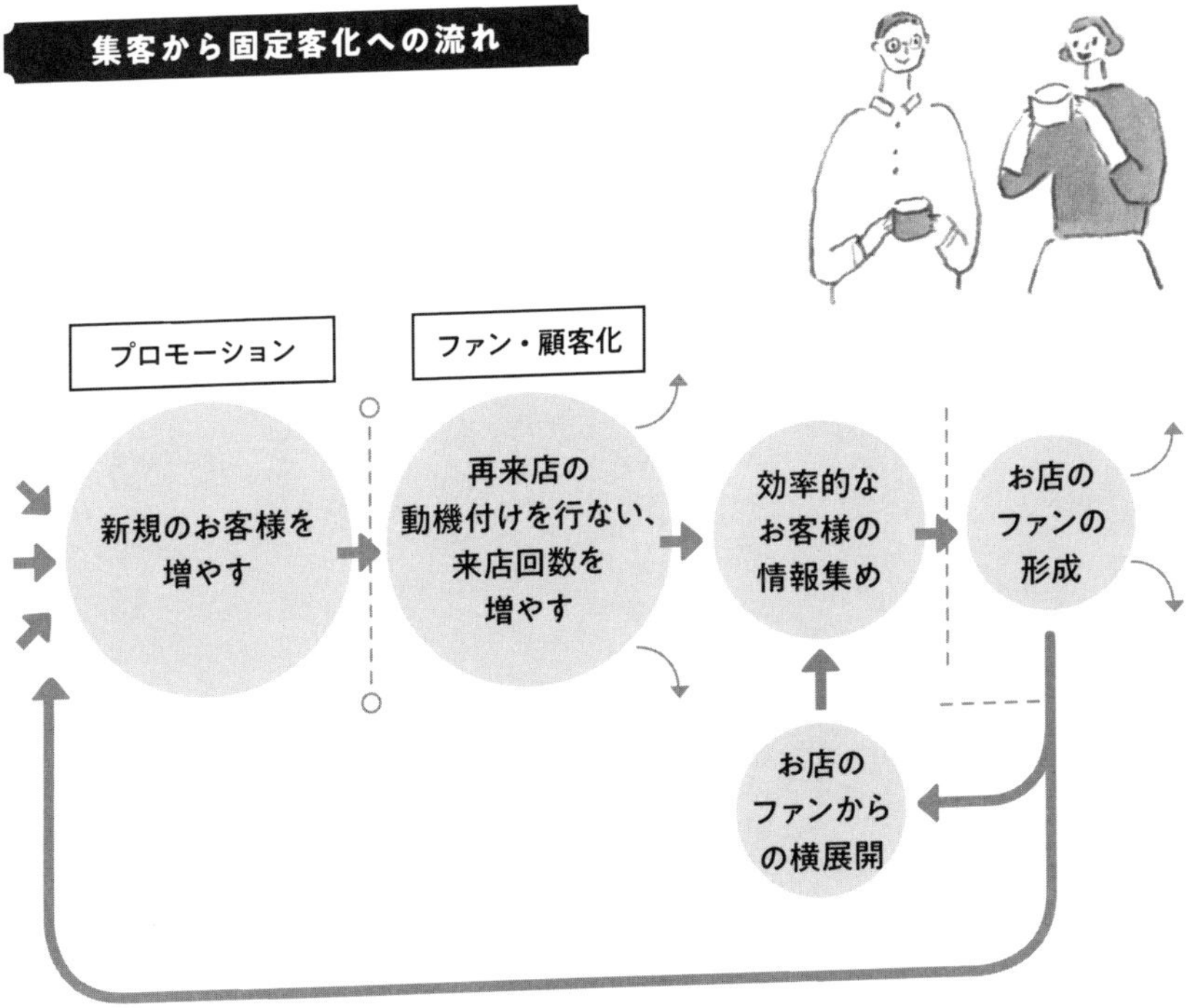

1. オープン前からSNSで発信
2. 広範囲に向けたPR
3. 独自性のある商品・サービスで興味を持ってもらう
4. 名前や職業などの情報を会話から引き出す
5. サポーターになってくれるコアなファンをつくる
6. ファンとSNSでつながる仕組みをつくる

Lesson

2

小さなお店ならではの強みを活かすファンづくり

大手と同じ土俵に立たないこと

集客には、お店に見合った販促・宣伝活動をしなければいけません。今は、大きな予算をかけなくても、さまざまなツールや媒体を利用できる時代になりました。だからこそ、効果を出すために何を選ぶかが重要になります。

ここで忘れてはいけないのは、あなたがつくろうとしているのは、「地域で愛される小さなカフェ」であるということです。お店の業態や規模によって適正な方法があるので、何でもかんでも効果があるからといわれて実施していては、時間もお金もムダになります。

あなたがカフェを出店するエリアには、個人経営の小さなカフェもあれば、大手企業が運営しているカフェもあるはずです。大手の強みは、店舗展開と大量の広告投入による高い認知度です。ＰＯＰやメニュー等の見せ方に予算をかけることができ、タレントや人気キャラクターなどを起用した広告戦略により、広い商圏で勝負できるのも特徴です。

ここまで聞くと、大手チェーン店には勝てないような気がしてきませんか？　大丈夫です。大手にも弱点があります。それは、大量仕入れとマニュアル化によって、メニューやサービスで、お客様の要望にそった個別対応ができないことです。商圏エリアが広いため、お客様とは広く浅い関わり方となり、共感度は低くなります。

小さなカフェならではの、大手にはできない商品やサービスを提供し、お客様に価値を感じてもらいましょう。

そして、あなたのカフェだけの価値を伝えるために必要なのが、ＳＮＳなどを活用した告知・宣伝活動です。

小さなカフェならではの強みを活かそう

大手企業のカフェ

強み

- 大量仕入れによるプライスダウン
- 大量広告
- POP、メニューなど見せ方にお金をかけられる
- 広い商圏
- 大きな駐車場

弱み

- 個別対応できない
- コストがかかるので最少人員でのオペレーション
  →サービスの低下
  →商品説明不足
- 広く浅く
- 生活環境からの提案

小さなカフェ

マネできること

- お客様を惹きつける入口づくり
- POPのつくり方
- メニュー構成や内容
- 引き寄せ商品
- コストパフォーマンス
- 売れ筋商品のアピール表現
- 招待イベント

差別化できること

- 小商圏の狙い撃ち
- 個性の押し売り
- コミュニティづくり
- ライフスタイルの提案
- ワークショップなどの体験会
- こだわりへの特化
- 常連客への特別感

Lesson

3

愛されるカフェになるための常連客づくり

お客様がお客様を紹介してくれる仕組み

地域で小さなカフェが勝ち残るために、大手にはできない「お客様とのつながり」を大切にした運営を心がけましょう。「お客様とつながる」ということは、あなたのカフェのファン、すなわち常連客をつくることです。

常連客になっていただくためには、お客様の記憶に残るような独自の仕組みをつくる必要があります。そこで、心がけておきたい5カ条があります。

①対等の立場で接すること
②料理・接客・情報等で差別化を図ること
③他店を意識して同質化しないこと
④広告は広く投げず、狙いを定めて投げること
⑤個人対個人の関係づくりをすること

ポイントは、「お客様一人ひとりへのサービス」を意識すること。お客様とかわした会話や特徴を覚えておくことで、お客様は、自分のことを知っている人がいるお店だと思って安心できるはずです。

今、家でもなく、仕事場でもない、同じような仲間が集まり、コミュニケーションがとれる「第三の場所＝サードプレイス」として、カフェを利用する人も増えています。気軽に話してもらえたり、笑顔で対応されると、自分に元気を与えてくれるお店だと感じてくれるかもしれません。

最強の販促ツールはクチコミ

あなたのカフェのファンは、「このお店を紹介したい！」と思ってくれているはずです。これが、「クチコミ」です。クチコミは、テレビや雑誌で紹介されるよりも信憑性があり、地域のカフェの販促方法としては最も重要です。悪い噂も広がってしまうというリスクはありますが、そうならないためにもお客様の心をガッチリつかんでおきましょう。

小さなカフェが常連客をつくるために必要な仕組みづくり

対等な
立場で
接する

料理・接客・
情報などで
差別化

大手と同じ
戦い方を
しない。
同質化に注意

投げ網を
広く投げるのは
大手のやり方。
一本釣りが
基本

「個人対個人」
の
関係づくりが
必要！

リピートしていただくためには、

個客サービスが重要！

POINT

自分でつくり上げた仕組みが大事！
お客様の記憶に残るサービスを
考えましょう。

Lesson

4

お店のファンになってもらうためのツール

▼ 無料で利用できるツール

それでは、あなたのお店のファンを増やすために、実際にお店のことを知ってもらって、来店してもらいましょう。個人店の場合は、お客様がたくさん通るような一等地に出店できる人は、ほとんどいません。ですので、あなたのカフェが、わざわざ足を運びたくなるお店であることを知っていただくことが必要なのです。

ここでは、お店を知ってもらうために、どんなツールを活用すればいいのかをご紹介していきたいと思います。

販促や宣伝のツールには、無料のものと有料のものがありますが、まずは無料で使えるSNSから活用してみましょう。

カフェが好きな人は、ライフスタイル感度が高い人が多いので、日頃からSNSをチェックしたり、発信している人も多いでしょう。

・SNS

Instagram、Facebook、Twitter、LINEなどの、会員制のオンラインサービス。人と人との社会的なつながりを維持・促進するために、さまざまな機能を提供しています。

最近は、HPをつくらず、SNSで情報を発信しているカフェも増えています。集客において最も成果が出やすいので、積極的に運用してください。

・ホームページ（HP）

自社で制作する独自のサイト。お店の特徴やイメージを表現しやすいツールです。最近では、無料で、簡単にHPをつくれる作成ツールも増えています。ゆくゆくはしっかりしたHPをつくりたいところですが、カフェの運営がある程度、軌道に乗ってからでも遅くありません。

オンラインでの販売などを検討している人は、ぜひ作成してください。

・ブログ

ウェブページ上に、日記のような文章を記すことができます。登録すれば無料で使えるものが多く、アクセスを増やすことでアフィリエイトを活用し、広告収入を得ることも可能です。

ある程度の文章量を書くための時間が必要なのがデメリットです。

・グルメサイト

各社が運営するグルメに特化した情報サイト。無料で登録できる契約もあり、予約システムなども使えるため、グルメサイトをHPの代わりに使っているお店も多いです。有料プランでは掲載できる情報量が多く、検索上位に掲載され、さらに広告も表示されなくなります。

・検索エンジン（SEO対策）

Google や Yahoo! でワード検索すると、検索結果としてHPやグルメサイトなどのリンクが表示されます。上位に表示されるよう、SEO対策をすることも有効です。

最近では大手グルメサイトの掲載が上位を占めていて、これをHPの代わりとして有効活用するお店も増えています。

・チラシ

チラシは、あなたのカフェを知ってもらう、最初の入口として使いやすいツールです。チラシは即効性を期待するよりも、何度も配布することで情報を刷り込み、「あ、あそこにカフェがあったな」と必要なときに思い出してもらうためのツールとしても有効です。最近では、格安で小ロットから印刷してくれる会社も増えています。

・ショップカード

お店に来てくれたお客様に渡す、お店の名刺です。お店のイメージを伝えるのはもちろん、店名、営業時間、定休日、電話番号、SNSアカウント、HP、メールアドレスなどの基本情報から、おすすめのメニュー情報などを記載しているものも。小さいサイズですが、最近ではQRコードを使ってHPに誘導できるようなタイプも人気です。

・ポイントカード

ご来店いただいたお客様に、利用ごとにポイントを貯めてもらい、そのポイント数に応じた特典を提供する仕組み。

リピーターの獲得になるほか、お客様の個人情報を獲得でき、マーケティングにも利用できます。

・ダイレクトメール（DM）

個人情報を提供してくれたお客様に対して、お得な情報やキャンペーンの案内を郵送します。最近では、郵送費のコストを抑えられる発送方法もあるのでチェックしてみましょう。

あなたのカフェに合ったツールを選ぼう

いろいろなツールを紹介しましたが、これらすべてを使わないといけないわけではありませんので、ご安心ください。

繰り返しになりますが、今の時代、SNSの運用は、どのようなカフェにとっても必要な存在です。それ以外のツールについては、あなたのカフェのコンセプト、立地、提供メニュー、ターゲットにしている顧客層などによって使用するものだけを選択していきましょう。

大切なことは、2つ。あなたのカフェにとって理想的なお客様に、あなたのカフェの存在を知っていただくこと。

そして、来店してくださったお客様に満足していただき、あなたのカフェの大切なファンになってもらうこと。

この大切なファンとつながっていくためのツールだという視点を持つと、あなたのカフェに合ったツールがわかり、ツールの特徴に合った効果的な使い分けもできるようになります。

無料・有料ツールを使い分けよう

無料で利用できるツール

Instagram　LINE　Facebook　Twitter

有料で質を高めることができるツール

グルメサイトは無料で利用できるものが多いが、課金することで差別化が可能

- ホームページ
- グルメサイト
- 検索エンジン（SEO対策）

- ショップカード
- ポイントカード
- ダイレクトメール
- チラシ

ショップカード、ポイントカード、ダイレクトメール、チラシは自分で作成しても印刷代が必要

POINT

オープン後に準備していては間に合いません。オープン前から計画的に準備を進めましょう。

ただし、オープン後に変更することも多いので、印刷物の場合は大量に作成しないよう注意！

Lesson

5

あなたのカフェをSNSで発信しよう！

積極的に活用したい2つのSNS

集客やお店の認知に最も効果のあるSNS。中でも、現在、小さなカフェにとって有効なツールがInstagramとLINE公式アカウントです。コンセプトにもよりますが、この2つを集中的に活用するだけでも十分です。

・Instagram

20〜40代を中心に利用されている、写真や動画をメインに投稿できるツールです。カフェの開業前から、オープンまでの道のりを積極的に発信していきましょう。物件の見学やメニューの試作などを投稿して、共感してもらえれば、開店前からお客様をつくることができます。

注意したいのは、基本的にはプライベートなことは投稿しないこと。カフェに関する内容で統一するのがベターです。

また、基本は毎日投稿すること。すぐにフォロワーが増えるわけではないので、あなたのカフェを認知してもらうまで地道な努力が必要です。

検索してもらいやすくするためのハッシュタグ（#〇〇）も大事なポイント。地域や店名の他、あなたのカフェのコンセプトに合ったハッシュタグを意識してください。

基本情報を記載することも忘れずに。店舗情報を入れることで、来店を促します。開業後は、メニュー変更のタイミングなどには必ず投稿してください。

・LINE公式アカウント

LINEが運営する店舗とユーザーをつなぐサービスです。このアカウントに常連客を集めることで、いつでも新メニューの告知や来店促進ができる「プッシュ」型のツールになります。週1日くらいのコミュニケーション頻度がベストです。

オープン前からファンをつくろう！

Instagram投稿のヒント

- オープンまでの道のり
- イベントや新サービスのご案内
- お客様が楽しんでいる様子
- おすすめメニューの写真
- 雑貨などの通販情報を画像で紹介

「甜蜜蜜」のInstagramアカウント（@tim.motomachi）。基本情報をしっかり記載して来店しやすいように工夫。

Lesson

6

あなたのカフェのHPをつくろう！

▼プロに依頼するメリット・デメリット

いろいろなツールがあることを知ったら、実際にあなたも広報活動を行なっていきましょう。SNSの運用にも慣れてきて、カフェ運営もある程度軌道に乗り、お金の流れが見えてきたら、あなたのお店のHPをつくるタイミングかもしれません（もちろん、オンラインショップなどを最初からスタートする場合は、開業前からHPが必要です）。

HP作成をプロに依頼した場合は、次のメリット・デメリットが挙げられます。

【メリット】

- **仕上がりが格段に美しい**
- **オリジナリティを出せる**
- **特別な知識がいらない**
- **HP作成にかける時間を有効に使える**

【デメリット】

- **費用がかかる（作成費と月額使用料）**
- **日々発生する細かい変更を反映させにくい**
- **イメージのすり合わせがうまくいかない**
- **打ち合わせが発生する**

▼HP作成ツールがあれば、自作も難しくない

開業費・ランニングコストを抑えるためには、自作もおすすめです。最新情報などを日々更新することもできるメリットもあります。

最近では自分でも簡単につくれるHP作成ツールがあるので、挑戦してみてもいいでしょう。

ここでは、自分でHPをつくる手順を簡単にご紹介します。

①独自ドメインを取得する

独自ドメインとは、HPアドレスに入る「○○.com」「○○.ne.jp」などのこと。何かの理由でサービスを乗り換えることになったときでも、HPの

アドレスを変える必要がありません。

②作成ツールを探す

基本的に使用されているのは、

・ＨＴＭＬテンプレート（レンタルサーバーが必要）
・Word Press
・Concrete5
・Goope

などがあります。いろいろ調べてみて、あなたが使いやすいものを選びましょう。

③ＨＰを制作する

ＨＰをつくる材料がそろったら、いよいよＨＰをつくっていきます。制作手順は、企画→レイアウト→デザイン→実装→コンテンツ入力です。また、どのページからでも確認できるように、問い合わせ用の電話番号を掲載しておきましょう。

・**基本情報**……最初に、記載する店舗の基本情報をまとめます。基本情報は、新規でご来店いただくお客様への案内になります。営業日、定休日、営業時間、予約の可否、メニュー、貸切の可否、駐車場の有無、住所、電話番号、問い合わせ先、アクセス方法、座席の詳細など。

・**ＰＲ情報**……一度ご来店いただいたお客様に、再来店を促すための情報を掲載します。季節のおすすめメニューの紹介やこだわりなど、お店のＰＲポイントになるような情報や魅力を発信します。キャンペーンのお知らせや新商品の案内を随時更新できるようなページもおすすめです。

・**オンラインショップ**……通販やオリジナル雑貨などを販売する場合は、ＨＰにオンラインショップをつくることで収入につなげることができます。

④スマートフォン向けのページを作成する

ＨＰができたら、スマホ向けのページも作成しましょう。違いは、レイアウトです。パソコンとスマホでは、見る画面の大きさが全然違うので、レイアウトも変わってきます。当スクールの卒業生のカフェでは、有名グルメサイトからのアクセスの約85％

がスマホからの閲覧だそうです。皆さんも、パソコンで調べるよりも、外出先などで気軽にスマホから確認しませんか？

スマホ向けのレイアウトは、専用ツールがあるので、パソコン用のサイトがあれば、比較的簡単にレイアウト変更ができます。

⑤SEO対策をする

せっかく魅力的なHPをつくっても、見てもらえなければ意味がありません。HPを作成したら、誰かに見つけてもらえる工夫をする必要があります。

HPを検索するときは、GoogleやYahoo!などの検索エンジンを使いますが、そこで上位に表示されるためにSEO対策を行ないます。たとえば、立地名と「カフェ」というワードで検索したとします。その場合、あなたのカフェのHPは何番目に表示されるでしょうか。少しでも上位に表示されたほうが、発信力は強くなります。そのため、どのワードを入れたら上位に上がるようになるのかを考えるのがSEO対策です。

実際、最初から店舗名で検索する人は、ほとんどいません（人気店になったり、メディアで紹介されたりした場合は、店舗名で検索されることもありますが）。SEO対策は、自分でもできますが、プロに依頼するほうが効果も期待できます。

▼SNS等とリンクさせる

HPを見た人に、さらにあなたのカフェを知っていただくために、毎日運営しているSNSとリンクさせることを忘れないでください。リアルタイムであなたのカフェを知ってもらい、お客様とのつながりを強めていきましょう。

また、予約システムを導入することも検討してみてください。オンラインでクーポン促進や来店予約ができた方が、来店確率がぐんと上がります。

カフェの価値を伝えるブランディングと実際に来店していただく集客につなげることがHPやツールの目的です。

ホームページ作成に挑戦してみよう！

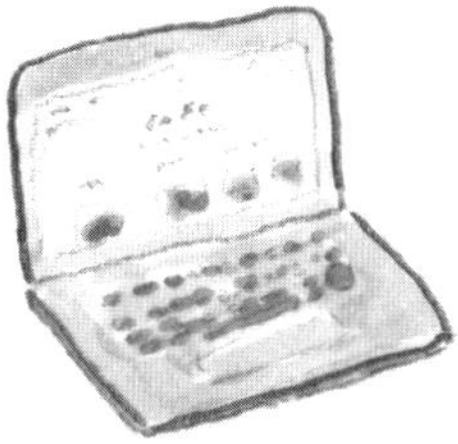

1 **ドメインの取得**
使用する独自ドメインを取得

2 **作成ツールの選定**
無料で使用できるツールも増えている

3 **企画**
何を記載するか考える

POINT① まずは基本情報をまとめよう

4 **レイアウト**
情報を探しやすいページに

5 **デザイン**
お店のコンセプトに合ったデザインを

POINT② いろいろなHPを見て参考にしよう

6 **実装**
お客様が使えるように組み立てていく

POINT③ 季節メニューなど、随時、最新情報を更新できるようにすると効果的！

7 **コンテンツ入力**
必要な情報や画像を入れていく

8 **スマホ用のHP作成**
スマホからでも見られるレイアウトに組み直す

9 **SEO対策**
検索画面の上位に表示されるよう工夫する

Lesson

7

ブログを活用してお店をPRしよう！

今も効果が期待できるブログ

今はスマホやSNSの普及で、手軽に個人がユーザーとの接点をつくれる時代です。そのため、ブログは、カフェオーナー全員におすすめはしません。ブログは、SNSと違って作成するのに画像やテキストの量が必要で、時間がかかるからです。開業して間もないときは、忙しくてなかなか時間がとれず、長続きしないケースが多いのです。

ブログをはじめるなら、経営が安定した頃がおすすめです。集客に即効性のあるSNSでお客様の認知度アップや顧客のファン化が実現できれば、来客数が安定し、リピート率も上がり、経営が安定してくると思います。次のステップとして、多店舗展開やオーナー自身をブランディングしたいというときに、ブログが役に立つかもしれません。

ブログを運営しているサイトはいろいろありますが、アクセス数のランキングが表示されるケースがあります。上位にランクインすると一気にアクセス数が伸びることもあり、集客にもつながります。

読者によるお気に入り登録などもあるので、画像や文章であなたのカフェをうまく表現できれば、ファンを増やしていけるのも魅力です。

コンセプトやブランディングへの活用

ブログは、更新頻度がアクセス数に影響しますが、アクセス数よりも、あなたのカフェのコンセプトやあなた自身のブランディングにつながる記事を書いていくことがポイントです。MYカフェコンセプトを振り返りながら、投稿していきましょう。

また、ブログから、講演や取材依頼、コンサルティング、出店依頼など、カフェの運営とは別のビジネスチャンスが舞い込む場合もあります。

ブログのネタ探しチェックリスト

どんなお客様が 来店してくれましたか？	どんなメニューが 人気ですか？	新商品・新サービスは ありませんか？
お店のレイアウト変更、 新しくお花を飾ったなど、 変化したことは ありませんか？	ネットショップで 人気の商品は？	近所でイベントや 交流がありませんか？
家でもできる 簡単レシピの紹介	うれしい お客様の声	経営者として 勉強になったこと、 参考になった本や 映画の紹介など

POINT

お客様に何を伝えたいですか？
お店のコンセプトやテーマにそって考えてみましょう。

Lesson 8

オンラインショップでPR&販売促進

お店のPRにつながるオンラインショップ

オンラインショップは、販売促進による収益アップが見込めるだけではなく、ネット上のワード検索にもヒットしやすく、お店のPRにもなります。

食材や加工品を「お取り寄せ」して販売しているお店もあれば、カフェのオリジナルグッズ（Tシャツやトートバッグなど）を作成して販売したり、作家さんがつくったハンドメイドの雑貨や、お店で使っている食器を販売したりなど、いろいろなオンラインショップがあります。

HPにオンラインショップのページをつくることもあれば、楽天やアマゾンなどの大手出品モールを利用したり、BASEやSTORESなどのカートと呼ばれる決済システムを活用したりするなど、仕組みもさまざまです。他社のサイトを活用する場合、セキュリティ面やコスト面に配慮し、お客様が使いやすいものを選びましょう。

オンラインショップの注意点

オンラインショップで大切なのは、特定商取引法に基づく表記です。名前や住所、電話番号、運営者情報、さらに通販規約やプライバシーポリシーの記載も忘れないようにしてください。また、食品であれば食品表示や、運送業者との提携も必要です。顔が見えない商売だからこそ、トラブルを回避できるよう、しっかり準備できるところは備えておきましょう。

最後に、オンラインショップは、見せ方で決まります。写真の撮り方はもちろん、商品情報などを記載したページの見せ方を工夫し、ページにリンクがある場合は、わかりやすくしておきましょう。また、価格や購入方法はできる限り詳しく記載しておくことが大事です。

人気カフェのネットショップをチェック！

船原かな子さんが経営する香港スイーツカフェ「甜蜜蜜」。店舗で使用する漢方や中国茶、薬膳スープキットなどを購入できるオンラインショップを展開中。
「薬膳食材専門店 甜蜜蜜」
https://www.yakuzenshop.com/

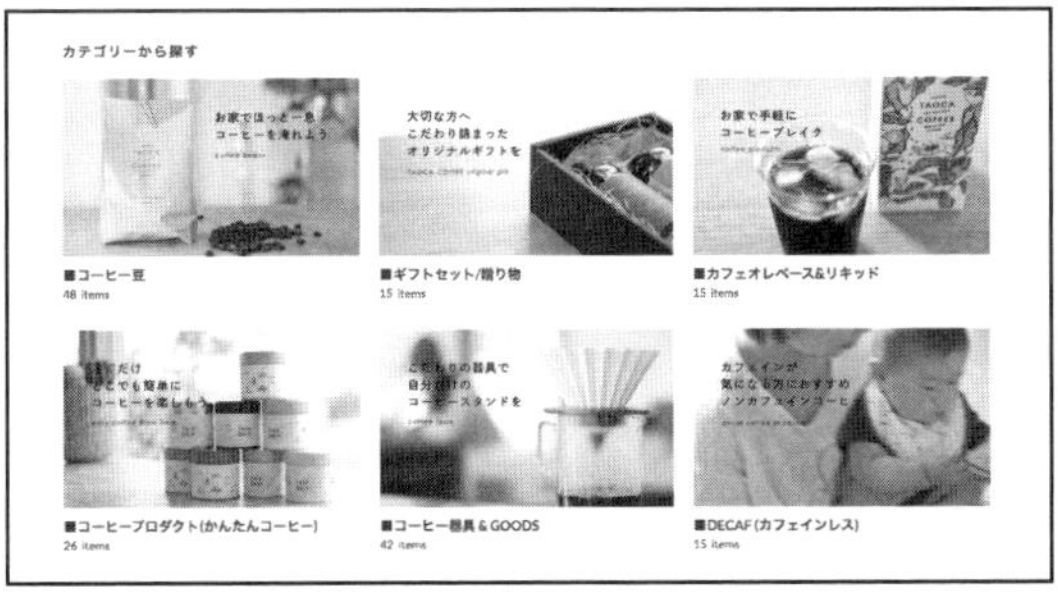

田岡英之さんが運営する「TAOCA COFFEE」のオンラインショップ。旬のコーヒー豆だけでなく、珈琲の抽出器具やエスプレッソマシンなども販売している。
「TAOCA COFFEE」
https://taocacoffee.net/

Lesson 9

もっとお店のファンになってもらう顧客管理

顧客の属性別に管理する

集客の本質は、顧客の属性を理解することです。一般的に、集客するのは「顧客予備軍」といわれるまだ来店したことがない人で、この人たちを呼び込むことが集客のすべてだと思われがちです。しかし、初来店後もリピーター・ファンになっていただくための集客努力は続きます。だからこそ、顧客情報を管理しておくことが大事なのです。一度でも来店してくれたお客様の属性は、3段階に分かれます。

①試食客

初めて訪れるお客様で、お店を試しに来ています。この段階での販促が一番重要です。早い段階で再来店を促し、常連さんになっていただきましょう。

②常連客

何度かご来店いただいているお客様。お客様の名前、仕事内容などを把握し、あなたから「知っています」「待っていました」とアピールしましょう。

③宣伝客

お客様がお店の想いや、ここまでの開業ストーリーを理解し、それを一緒に伝えてくれるようになります。

来店してくれたお客様を大切にしよう

試食客には、手厚く接する。

常連客には、親近感を持って接する。

宣伝客には、お連れのお客様にも手厚く接する。

一度も来店したことのないお客様より、数あるお店の中から、あなたのカフェを選んでくれたお客様に手間と時間を使いましょう。そのためにショップカードやポイントカードは有効です。

キャンペーンやお得情報の案内DMも効果的。ここで使った時間とお金は、必ず新しいお客様（お連れ様）を連れて、戻ってきます。

お客様の属性は３段階

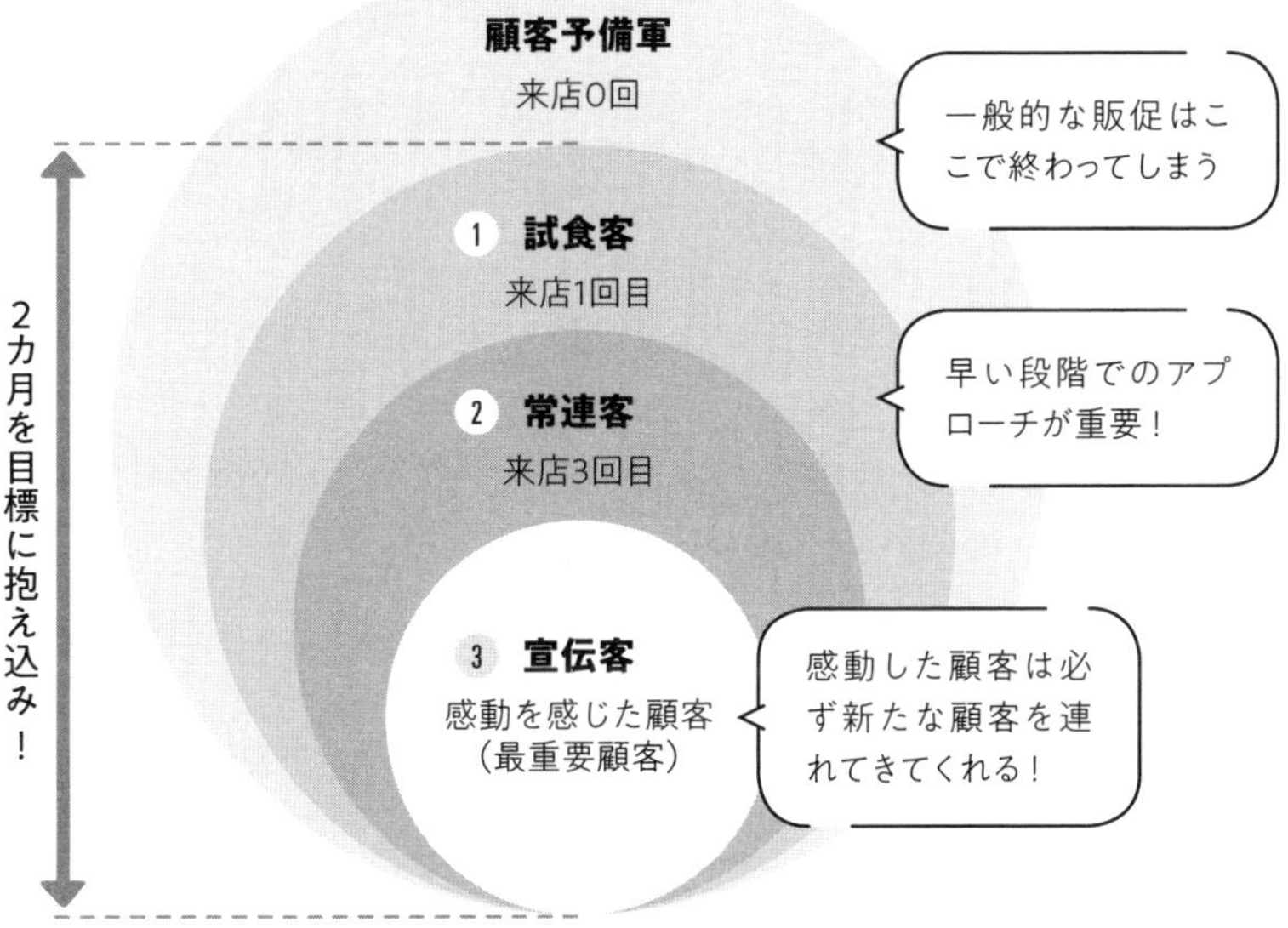
顧客予備軍
来店0回
一般的な販促はここで終わってしまう
1 試食客
来店1回目
2 常連客
来店3回目
早い段階でのアプローチが重要！
2カ月を目標に抱え込み！
3 宣伝客
感動を感じた顧客
（最重要顧客）
感動した顧客は必ず新たな顧客を連れてきてくれる！

お客様をつかむコツ

① 試食客
初めて訪れるお客様はお店を試しに来ているため、この段階での販促が一番重要。早い時期に二度目、三度目の来店を促さないと、常連客には成長しない。

② 常連客
お店側が顧客を知ることからはじまる。最低限、お客様のお名前や会社名を覚えることが大事。「あなたを知っていますよ！」「待っていましたよ！」としっかりアピール。

③ 宣伝客
顧客がお店の想い・ストーリーを代わりに伝えてくれる。お客様に伝えてもらうためのストーリーづくりが重要。

Lesson

10

これからのカフェの集客

集客に正解はない

ここまで、集客についてお伝えしてきましたが、改めてお伝えしておかなければいけないことがあります。それは、集客については、完全な正解はないということです。

あなたのカフェに適した集客は、あなたが目指す目標や地域性、ターゲットによって変化します。また、ここまで紹介してきた販促・宣伝ツールは、現在もどんどん進化しています。もしかしたら、明日には、もっと有効な集客ツールが登場するかもしれません。そして、それがどんなに最先端のものでも、あなたのカフェに適しているかどうかは、いろいろな経験をしてこそ判断できるようになります。

今、とても有効だと言われているグルメサイトは、掲載件数が多く、すでに差別化が難しいものとなってきています。実際、有料プランも登場しており、今後新たな一手を投じなければ飽和していく可能性も考えられます。

また、テレビや雑誌などのメディアで紹介されることは、確実に集客効果につながります。そのチャンスは限られたものなので、リリースなど情報はこまめに発信し、連絡先を明確にしておくこと。連絡があれば、すぐに対応できるようにしておくことも大事です。しかし、注目されて一時的に反響が上がることで、せっかくつかんだ常連客の対応がおろそかになり、地域との信頼関係が崩れてしまうケースもあるようなので注意しましょう。

情報社会の今、何が集客につながるかは、明確ではありません。ただ、どんなチャンスも逃さないように準備だけはしておきましょう。そのためにも、あなたのカフェのコンセプトを大事に磨き続けてください。

集客のために準備しておきたいこと

SNSで積極的に発信する

情報を拡散してもらえるよう、お客様の投稿にタグ付けやハッシュタグ（#）をつけてもらおう。

SNS映えしやすいものを用意しておく

SNSにアップしたくなるようなメニューや内装を用意しておく。

あらかじめ画像を準備しておく

メディアから画像の提供を求められることが多い。

連絡先・担当者を明確にしておく

問い合わせ先のメールアドレスをHPやSNSに記載しておくと早い。

リリース資料を出す

報道各社にリリース資料を発信する。最近はリリース情報を発信するサイトも多い。

グルメサイトのクチコミを書いてもらう

普段からグルメサイトのクチコミを書いてもらえるような工夫をしておく。

専用のHPがある

こだわりやオリジナリティを感じやすいように工夫。

POINT

メディア掲載も、コンセプトがカギ！
珍しいコンセプトのカフェは
取り上げられやすい。

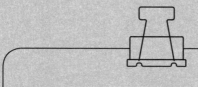

Chapter

9

チャンスが広がる！

地方でカフェを開業する魅力

Lesson 1

地方ではじめる小さなカフェ

▼地方と都市部の違いと課題

ここまで、カフェを開業する方法と、そのカフェを少しでも長く続けるためのノウハウを学んできました。学ぶことは同じでも、オーナーによってさまざまなコンセプトや業態のカフェが生まれます。

その中で、近年注目されているのが、**地方でのカフェ開業**です。これは、都市部に住んでいた人が地方に移住し、カフェを経営しながら、その土地の暮らしに定着していくという生き方です。

本章では、地方でのカフェ開業には、どんな準備が必要なのか、どんなメリット・デメリットがあるのかなど、詳しく見ていきたいと思います。

さて、地方でのカフェ出店を考える前に、まずは「地方」「田舎」と呼ばれるような地域が、都市部と何が違うのかを知っておく必要があります。

今、地方と呼ばれる場所には、さまざまな課題があります。圧倒的に違うのは、人口です。住んでいる人たちが減少することによって、担い手不足による「一次産業の衰退」「伝統・文化・誇りの消失」など、課題が山積みです。また、近年は災害も増え、その被害によって自然が侵され、自然の中に住む動物たちによる獣害も問題となっています。

地方の問題点ばかりを挙げると、それなら都市部に住むほうがいいのではないかと感じるでしょう。しかし、人口が増え続けてきた都市部では、土地開発による生態系の破壊や、ゆとり・やすらぎの場や、人々のふれあいが減少しているような状況も報告されています。

こうした環境に疲れた人、自然の中で本来の自分を取り戻したい人、地方の環境にある生きる風景や生産物の魅力を伝えていきたいという人たちが、地方での新しい生き方に注目しています。

これから地方で切り拓いていく新しい可能性

- 担い手不足
- 一次産業の衰退
- ゆとり・やすらぎ・ふれあいの減少
- 獣害・自然災害
- 伝統・文化・誇りの消失
- 開発による生態系の破壊

↓

◎ 都会で得られない癒しを求めている人
◎ 自然の中で本来の自分を取り戻したい人
◎ 地方の風景や生産物の魅力を伝えていきたい人

地方での新しい生き方としてのカフェ開業

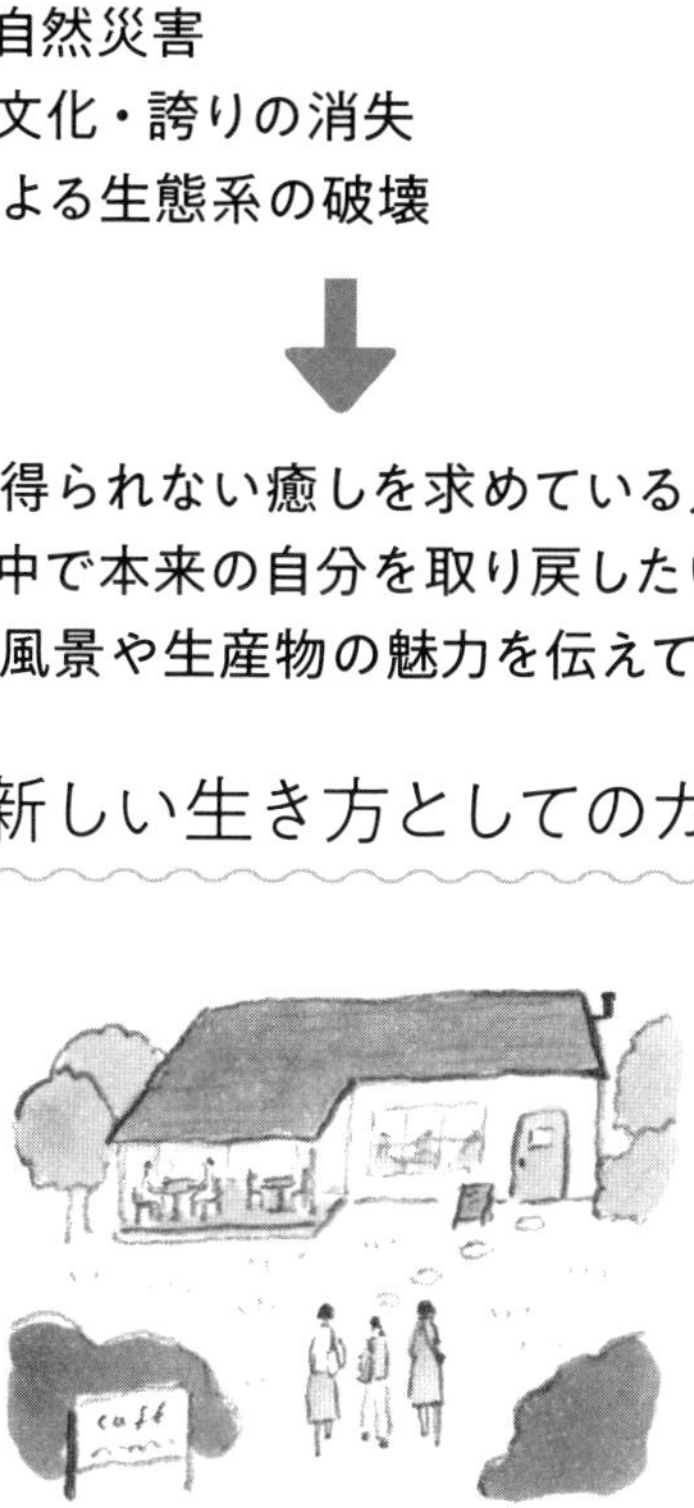

POINT

地方へ移住し、小さな田舎のカフェをオープンする人が増えています！

Lesson

2

あなたらしいローカルチャレンジを考える

新たな可能性を切り拓く「ローカルチャレンジ」

地方でカフェを経営したいと考える人が増えたのは、地方での選択肢が増えているからかもしれません。今は、生活に必要なインフラやインターネットの普及も進んでおり、Uターンや I ターンなど、地方でチャレンジができる時代になっています。

地方で挑戦し、新たな可能性を切り拓いていくことを、「ローカルチャレンジ」といいます。地方での課題や地域の土地や環境、そこで暮らす人たちを「地域資源」であると考え、そこに都市部からの人材という新しい風「自分資源」を送り込むことで、新たな化学反応を起こす。それが、ローカルチャレンジの方程式です。

国や地方自治体からのサポートも充実

地方での活躍の場に期待し、ローカルチャレンジを目指してみたい人は、国や地方自治体によるサポートを受けられます。リスクを軽減することができるので、ぜひチェックしてみてください。

地方で起業・創業を目指すなら、支援金を受けられる制度があります。中小企業庁をはじめ、都道府県や市町村レベルでも行なっているサポート制度で、さまざまな窓口や条件があります。あなたがサポートを受けられる条件に当てはまる制度がないかを調べておきましょう。

また、移住を考えている人には、住宅補助のサポートもあります。これは、市町村レベルで設定されており、家賃補助をはじめ、最近では深刻化している空き家を活用するために空き家の増改築費や、引っ越し資金を補助してくれる制度もあります。

ただし、支給額が全額ではなく、年齢制限があるところも多いので、内容をしっかり確認しておきましょう。

ローカルチャレンジの方程式

地域資源		自分資源		ローカルチャレンジ
地域課題、地域環境、地域人材 ・特産品のフルーツ ・都会では見られない自然の風景	×	都市人材、Uターン・Iターン等人材 ・パティシエの経験を活かした本格スイーツづくり	＝	新しい可能性！ ・ロケーションのいいカフェで、フルーツをふんだんに使ったスイーツを提供 ・都市部からのお客様を呼び込む

国や地方自治体によるサポート事例

- **起業・創業支援金**
  →中小企業庁、都道府県、市町村レベルであり。
- **空き家の増改築費や引っ越し、家賃補助金**
  →市町村レベルで多数あり。
  ただし、全額は少なく、40歳未満等の年齢制限があるので注意。
- **人件費、活動支援金**
  →総務省による地域おこし協力隊サポート制度など。
  最大3年間の人件費と活動費年間400万円+創業支援金100万円等

POINT

地域によって支援内容や条件が異なるので、事前に確認しておきましょう。

Lesson

3

移住を応援する「地域おこし協力隊」とは

地方移住という選択肢

地方で活躍するチャンスとして、総務省による「地域おこし協力隊」という制度があります。これは、都市部から地方へと住民票を移し、そこを生活の拠点として一定期間、地域ブランドや地場産品に関する開発・販売・PR等の地域おこし活動をする人の支援を行なうものです。

具体的な内容は自治体ごとに異なりますが、特定エリアでの開業など、カフェ開業のローカルチャレンジとして活用できる場合があります。活動期間はおおむね1年以上3年以下で、活動に関する経費は人件費含めて年間上限440万円。また、起業や事業継承に関する経費も上限100万円を受けることができます（2020年8月時点）。

この制度は、期間中に農林水産業への従事、住民の生活支援などの「地域協力活動」を通して、その地域への定住・定着を図ることを目的として設けられたものです。

地域おこし協力隊となった人は、活動の中で自身の才能や能力を発揮しながら、自分が理想とする暮らしや生きがいを発見できます。また、地域は若い協力隊員たちの行動や熱意、斬新な視点から刺激を受けます。その結果、地域の活性化につながり、行政では考えつかなかったような地域おこしを実現できる可能性が広がります。地方にとっても大きなメリットとなるので、まさにローカルチャレンジの活用制度として注目されているのです。

実際、地域おこし協力隊の任期を終えた後も、同じ地域に定住している人の割合は約6割で、地域振興の結果も出ている取り組みです。このような地域創生の追い風もあることから、地方でのカフェ経営を目指す人が増えています。

地域おこし協力隊とは？

地域おこし協力隊サポート制度

地域課題解決の活動（お店づくり）をすることで、最大3年間の人件費含めた活動費と起業・事業継承の経費の活用が可能となる制度。

・地域おこし協力隊推進要綱（総務省）https://www.soumu.go.jp/main_content/000701972.pdf
・地域おこし協力隊の情報サイト（移住・交流推進機構）https://www.chiikiokoshitai.jp/

1 地域おこし協力隊の募集をしている自治体を探す

↓

2 募集している地方自治体に応募する

↓

3 地方自治体による選考（書類選考・面接など）を受ける

↓

4 採用の合否

↓

5 合格の場合、地方自治体から委託状等が交付される

↓

6 現住所から採用先の自治体に住民票を異動し、地域おこし協力隊として活動をスタート！

Lesson

4

地域とつながるためのMYカフェコンセプト

▼地域資源とは？

ここまで、地方の現状や、さまざまなサポート体制を説明してきました。ここからは実際に地方でカフェを開業するということについて、考えていきたいと思います。

ローカルチャレンジとは、「地域資源」と「自分資源」を掛け合わせることで、新たな可能性を切り拓いていくことだとお伝えしました。

地域資源とは、地域に眠っている魅力的な人やモノ、その地域で必要とされていることです。

今、その地方で起こっている当たり前ではないこと、目の前にいる人たちの困りごと「Must」が、あなたのビジネスチャンスになるかもしれません。

▼自分資源とは？

自分資源について考える前に、実際にカフェをつくるあなた自身のことを振り返ってみてください。

今、あなたの中にある、「価値観、パーソナリティ」「将来の夢や、志を持って取り組める仕事への想い」「現在感じている不安や悩み、困りごと」が、あなたのカフェの方向性を決めるスタート地点となります。地域資源と自分資源を掛け合わせることで、あなたのカフェが地域でどのような役割を担えるのかを考えていきましょう。

自分資源とは、今のあなたにできること、あなたがこれからできるようになりたいこと、つまり「Can」です。地域資源と自分資源を掛け合わせることで、あなたの原動力を発揮する方向性が見えてきます。その結果、あなたと地域の「Will」となる、ミッションとビジョンが見えてくるはずです。

あなたの夢を叶えることが地方を活性化する原動力となり、社会貢献にもつながります。

地方で開業するカフェの方向性

Can（自分資源）

- 今、できること（スキルやネットワーク）
- これからできるようになりたいこと（スキルやネットワーク）

Will

- 将来のあるべき姿（ミッション）
- 5～10年後のあるべき姿（ビジョン）
  自分自身／社会（地域）

My Cafe

今の自分

- 価値観、パーソナリティ
- 将来の夢や仕事への想い
- 現在感じている不安や悩み、困りごと

Must（地域資源）

- カフェ開業を目指している地域から求められていること、必要とされていること
- 地域に眠っている魅力的なヒト・モノ・コト
- 今、当たり前でないこと
- 今、目の前にいる人の困りごと

＼ 考えてみよう！ ／

1 今の自分
・自分自身を振り返ってみよう

2 Can（自分資源）
・あなたが今できること、これからできるようになりたいことは？

3 Must（地域資源）
・地域から求められていること、必要とされていることは？

4 Will
・あなたのミッションとビジョンは？
・地域のミッションとビジョンは？

Lesson 5

地方ではじめるカフェのメリット・デメリット

地方開業のデメリット

自分のカフェを持ちたいと思っているあなたなら、ここまで読んで思ったはずです。

「地方でカフェを開業するのも楽しそうだけど、失敗したらどうなるのかな……」

地方でカフェを開業することは、確かにデメリットがあることも忘れてはいけません。考えられるデメリットを挙げてみましょう。

・市場が小さい

今後も人口が減少する可能性があり、地方ならではの集客とビジネスモデルを構築しなければ、継続が難しくなります。

・高齢者が多い

高齢化は、今後も加速していくでしょう。カフェを利用するターゲットになるのか、高齢者を意識した商品・サービスを提供しなければいけないのかなど、見極めが必要です。

・コミュニティ密度が濃い

地方によって、消防団や寄合など、自分の仕事以外の活動も増えます。地域おこし協力隊として活動する場合は、地域課題の解決に向けた時間の確保が必要となります。

・余白が多い

地方は、空き家や空き店舗、遊休地など未利用地が多いのも特徴です。そのような未利用地を活用して、どのようなビジネスを展開していくかが重要になります。

地方開業のメリット

ここまで読んだあなたは、さらに不安になってしまったかもしれません。

しかし、大変なことが多いからこそ、地方でのカフェ開業には追い風も吹いて、実際に開業した人たちがメリットだと感じていることが、たくさんあるのです。

・魅力的な食材やレシピ

まず、地域特有の食材を使用したオリジナルメニューを提供することが可能です。これは、カフェにとっては、大きなメリットです。食材は、生産者の顔が確認できる環境で仕入れを行なうことができ、さらに収穫したての鮮度の高い素材を調理して提供することができます。

また、地方ならではの伝統料理や郷土料理など、その地域でしか味わえない食材やレシピで、目玉商品をつくることが可能です。

・魅力的な場所（空間）

緑があふれ、空気がきれいで、自然いっぱいのロケーション。自然豊かな立地にあり、さらに古民家や広いスペースなどを活用した、魅力的な空間でカフェをつくることができるのは、地方で開業する特権となるはずです。

・複合的な事業の組み合わせが可能

カフェのある建物だけではなく、敷地、空き部屋や農地、駐車場などの広いスペースを活用した事業を展開できます。

たとえば、農作業や収穫・加工体験を実施したり、狩猟、食品加工事業などの事業に参入するなど、地方ならではのビジネスができるのも魅力です。

・低コストでチャレンジ

地方には空き家が多く、それらを活用することで低コストで広いスペースを確保したお店が実現できます。運よく、以前営業していた「居抜き物件」があれば、開業資金を大きく抑えることができるでしょう。

また、生産者から直接仕入れができれば、さらにコストの軽減が期待できます。

先述したとおり、地方では地方創生のためのサポート体制が充実しているのもメリットです。

Lesson

6

地方でカフェを開業する喜び

実際に開業している「地方カフェ」の魅力

都心部から地方へ移住して開業している人のお話を聞くと、やはり都心部のカフェより、ゆったり過ごせるカフェが多いようです。ストレスの多い都心部とは異なり、自然が多く、リラックスした地方でのカフェに憧れる人も多いと思います。

店舗面積が広いカフェが多いのも、地方カフェの特徴のひとつ。都心部と違い、空き家や空き店舗が多数あるので、広い物件が破格で借りられることがよくあります。実際、一軒家を数万円程度の家賃で借りて、カフェを運営している人も少なくありません。

また、都心部にはない、地元とのつながりを感じられることも大きな魅力です。地元の方とつながっていると、農家の方々から出荷できない野菜をいただいたり、食材をご支援いただくこともあるそうです。

都心部にはない人とのつながり

地方では、家賃などの固定費や食材原価を抑えることができるので、都心部のカフェとは損益計画の構成が違うビジネスモデルをつくることができます。

ただし、そうした地方でのメリットを活かすためには、地元の方に喜んでいただくことが大切です。

カフェの少ない地方で開業すると、地元の方が大事にしてくれ、つながりが生まれる場として根づいていくことができます。実際、車で1時間かけてご来店くださるお客様がいる地方カフェもあります。

食事を楽しんだり、イベントをしたり、交流会をしたり……地元の方が集まる場所として、都心部のカフェとは違う喜びを得られるのが、地方カフェの大きな魅力です。

地方カフェの事例

松尾敏正さんの「Nostalgie Café ろまん亭」。岡山に移住して、築140年の歴史ある建物を居抜きで開業。イベント開催など、地元の「溜まり場」として賑わっている。

山下さとこさんの「いしころカフェ」。出産を機に、姫路に移住し、自宅兼カフェとしてオープン。営業時間や日数を少なくして、子育てをしながらカフェ運営をほぼ1人でこなしている。

Lesson 7

失敗しないローカルカフェマーケティング

地方らしいマーケティングの心得6カ条

最後に、地方での開業に興味を持った方へ、地方でカフェを経営するためのマーケティングの指針となる6カ条をお伝えします。もし、慣れない土地で、あなたがやりたいと思っていたカフェの姿からずれてしまいそうになったときには、この6カ条を思い出してください。ここで自分が何をするべきなのかを振り返るきっかけにしてもらえたらと思います。

①あるもの

今あるものを活用すること。ないものねだりをしないこと。大切なものが見つかるはずです。

②つながり

地域内外との関係づくりを重視すること。地域住人と地域外の人をつなぐこともあなたの大切な役割かもしれません。

③分かち合い

地域住民が参加し、利益が地域住民に還元される仕組みをつくること。常に、地域の活性化に喜びを感じることが大切です。

④見える化

環境面や社会面での効果を確かなものとし、それを関係者や顧客に伝えること。地域の方が気づいていないことに価値があることもあります。

⑤学び

関係主体が取り組みに参加することで、成長する仕組みをつくること。地域の活性化には、人のつながりと継続が大切です。

⑥ほどほど

適切なサイズやスピードで行なうこと。地域ごとに価値観やスピード感も違いますので、地域での暮らしに寄り添うことを大切にしながら、あなた自身も豊かな気持ちでいることが大事です。

地方カフェを開業するための６カ条

1 あるもの
今、活用できるものは何でしょうか？（特産品、空き家、人材など）

2 つながり
地域の人との関係をつくるために、できること・やるべきことは何ですか？

3 分かち合い
利益を地域に還元できる仕組みを考えましょう（雇用、観光業の活性化など）

4 見える化
目に見えるカタチで効果や成果を伝えるには、どうしたらいいでしょうか？

5 学び
地域の人たちが成長するために、活かせるスキルや経験は何ですか？

6 ほどほど
地域やあなたにとってちょうどいい、ムリのないサービスや目標を考えましょう。

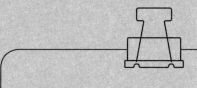

Chapter

10

飲食以外のアイデアをプラス！

あなただけのカフェの魅力づくり

Lesson

1

飲食店ではない個人カフェの魅力

地域や街で、どんな役割を担うか

これからは、カフェを飲食店としてではなく、「コミュニティを創る場所」として考えてみることが、ますます重要になってくると思います。

もちろん、メニューで勝負したい、料理をつくることが一番の幸せという人もいれば、人の集まる場所を創りたいと思う人もいらっしゃるでしょう。

人がつながる場所は、さまざまな役割を担うことができるはずです。たとえば、**自分が出店する立地・地域から考えてみましょう。**

出店エリアには、いろんな場所があり、そこで暮らす人や働く人が、さまざまな課題を持っています。その場所のお客様の困っていることに耳を傾けてみると、「本当の声」が聞こえてきます。

地域課題を解決できる機能を持ったカフェは、地域に必然的に必要とされ、愛されます。大手のチェーン店が出店してきても、差別化できるのです。

これは、住宅街に出店したあるカフェの話です。そのお店は、ランチ営業に力を入れていました。お客様は主婦が多く、地域特有の課題がありました。というのも、そのエリアは地元愛が強く、2世帯暮らしの家庭も多い街で、自宅で家族そろって食事をする文化がありました。

この地域の主婦たちの悩みは、「夜の献立」でした。そこで、このカフェが力を入れたのは、夜メニューのテイクアウト&デリバリーです。昼間、メニューを見て注文し、夕方に取りに来ていただくサービスです。本格メニューを家庭で気軽に食べることができ、家事の短縮にもなると人気のサービスになりました。

このような、地域の潜在的なニーズをつかむと、**地域になくてはならないカフェ**になれるのです。

お客様の潜在ニーズを叶えるコミュニティをつくろう

- メニューをデリバリーできたら
- ネットでおいしいコーヒーを買えたら
- 家族の記念日にケーキをオーダーできたら
- 特別な日に貸切できる場所があったら
- イベントを開催する場所があったら
- 料理を習える場所があったら
- 地域の人と交流できる場所があったら

POINT

あなたのカフェがただ飲食をする場所ではなく、お客様にとって「なくてはならない場所」になることを目指しましょう！

Lesson

2

イートインだけではない食の届け方

顧客の利便性を重視したアイデア

あなたが出店する場所やメニューによっては、イートイン以外にもメニューを提供できないかを考えてみるといいでしょう。

もちろん、あなたのカフェのコンセプトとリンクしていることが大前提です。

テイクアウトは、基本的にはどんなカフェでも行なうことができます。出店場所での顧客の利便性に訴求することができれば、テイクアウトメニューは支持されるはずです。

たとえば、次のようなニーズが考察されます。

・仕事前やお昼休みなどのお客様に向けて
・店内のお客様が、お土産として
・近隣の人が、自宅での食事として

テイクアウトは、通常の飲食店営業許可で、店内メニューを提供することができます。ただし、スイーツのテイクアウトなどは、菓子製造業の許可が必要になります。テイクアウトメニューがイメージできた段階で、必ず最寄りの保健所で確認するようにしてください。

単品でも注文したくなるメニューづくりがコツ

テイクアウトとともに、2020年の新型コロナウイルスの影響で一気に広まったのがウーバーイーツなどのデリバリーサービスです。デリバリーできるメニューは、注文したくなるような商品力が必要です。単品でも注文したくなる看板メニューをつくれるかどうかがカギとなります。

テイクアウトやデリバリーは、店内提供と違い、包材等の別途コストがかかります。また、人気のテイクアウトやデリバリーサービスのアプリなどは、サービス料金等が発生するので、慎重に商品価格を設定することも必要です。

テイクアウト・デリバリーサービスの例

- ウーバーイーツ
  https://www.ubereats.com/jp
- 出前館
  https://corporate.demae-can.com/
- 楽天デリバリー
  https://delivery.rakuten.co.jp/
- dデリバリー
  https://delivery.dmkt-sp.jp
- menu
  https://service.menu.inc/
- LINEデリマ
  https://delima.line.me/
- EPARKテイクアウト
  https://takeout.epark.jp/

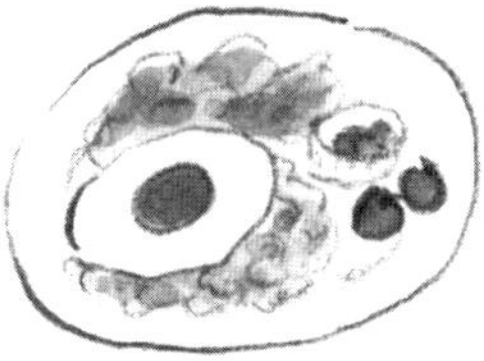

POINT

出前・宅配、テイクアウト用のサービスはオンラインを中心に広がっています。上手に活用しましょう。

Lesson

3

物販・オンライン販売で売上を伸ばすコンセプト型カフェ

あなたのカフェもオンライン販売できる！

フードメニュー型の飲食店ではなく、あなたのカフェがコンセプト型カフェの傾向が強い場合は、物販やオンライン販売も検討してみる価値があります。

飲食業界以外では、ファッション・美容品・日用雑貨・家電など幅広い範囲で、ネットショッピングは当たり前になりました。主に、amazonや楽天、ZOZO TOWNなどのECサイトを活用して購入することが主流となっています。

一方、飲食店やカフェでは、物販も扱うお店は増えたものの、オンライン販売を導入している店舗は、まだ少ないのが現状です。

オンライン販売を積極的に導入している自家焙煎型のカフェの例でいうと、彼らは店内で提供するコーヒー豆を自家焙煎し、店頭でも、200gずつパッケージされたコーヒー豆が物販商品としてディスプレイされています。さらに、その商品をカフェのホームページ内でオンライン販売しています。

オンラインショップは、BASEやSTORESなど決済機能も備えた便利なサービスが多数あるので、商品があれば、誰でも簡単に導入可能です。

あなたのカフェでは、どんな商品がオンライン販売に向いているでしょうか。「イートインメニュー以外はない」とおっしゃる方が多いのですが、実はたくさんあります。コンセプト型のカフェであれば、特にです。

食器にこだわったカフェなら食器、特別ジャンルのメニューにこだわったカフェなら食材、紅茶にこだわっていれば紅茶、コーヒー器具の販売など、常連客が、あなたのカフェで楽しみにしているものがたくさんあるはずです。

物販・オンライン販売の例

attic kitchen
本物のカフェメニューを
真空冷凍パック

https://attickitchen.stores.jp/

香港甜品店 甜蜜蜜
カフェで人気の香港粥・
スイーツの全国発送

http://okayukobe.com/

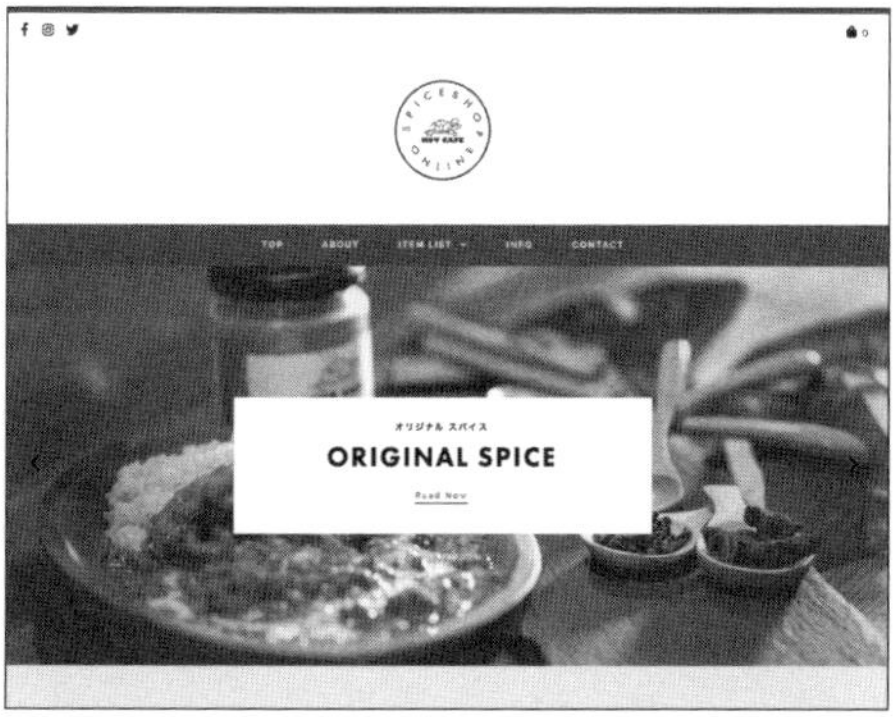

KOV CAFE
カフェオリジナルの
スパイスショップ

https://spiceshop-kovcafe.com/

Lesson

4

イベントやワークショップも魅力的なサービス

▼コミュニティからできるつながり

コンセプト型カフェの開業を目指すなら、いろいろなつながりを創っていきましょう。

お客様とのコミュニケーション、新たなコミュニティを創るために、イベントやワークショップを活用しているカフェも最近増えてきています。

たとえば、こだわりカフェのお料理教室やパン教室、コーヒーのワークショップ、ゲストを招いてのトークショー、親子での子育て勉強会、SNSの写真の撮り方勉強会、フリーマーケットの開催、野菜のマルシェの開催、ペットの交流会、レンタルカフェなど、お客様の声を聞くといろいろあるはずです。楽しそうな企画アイデアは、カフェオーナーの数だけあります。

▼MYカフェコンセプトシートを活用しよう

趣味や特技をコンセプトにしたカフェを開業したい人は、イベントやワークショップを導入することをおすすめします。他店との差別化ができる独自コンテンツになりやすいからです。さらに、オーナーとして、お客様とのつながりを強く感じられ、充実感もあるでしょう。

このようなアイデアは、MYカフェコンセプトシートに書き込んでいきましょう。実際にカフェを開業してしまった後では、イベントやワークショップの場所を確保するために顧客動線や家具のレイアウトの変更、追加の工事などが発生してしまうこともあるからです。

開業前に、イベントやワークショップを自店の特徴とすることがわかっていれば、内装工事の段階で、想定したレイアウトを調整できる家具の選定やコンセントの設置なども意識しましょう。

イベント開催・出店で地域の人とつながろう

関西発のコーヒーイベント
「TODAY'S COFFEE FESTIVAL」の様子
http://todayscoffeefestival.com/

移動販売車を活用したプロモーショナルな
イベント出店
http://atticroom.jp/kitchen/

Lesson

5

コンセプトカフェから多角化カフェへ

差別化になるだけではなく、経営的効果も

物販やオンラインショップ、イベントやワークショップなど、好きなことがカフェの新サービスにつながることがご理解いただけたかと思います。

通常のカフェ運営をしながらですから、もちろん大変なこともあるでしょう。でも、自分の好きなことやモノとリンクしているので、きっと楽しく運営できるはず。さらに、このようなコンセプト型カフェには、経営的メリットがあります。

通常の飲食店の場合、シンプルに考えると、売上は「客数×客単価」になることは、皆さんおわかりになるでしょう。コンセプト型カフェの場合は、この店舗での「客数×客単価」に加えて、さまざまな売上収入をつくることができます。たとえば、

①テイクアウト客数×客単価
②オンラインショップ購入客数×客単価
③ワークショップの参加費用×人数
④レンタル費用やメディア運用

カフェ運営以外にも、このように多角的な売上を確保できているお店が実際にあるのです。

複数の売上をつくっておく強み

同じ席数で同じ単価のメニューを提供していた場合、売上①だけの店舗より、売上②③④まである店舗のほうが、当然「売上も利益も多くなる可能性が高い」ことがわかると思います。長く経営する秘訣のひとつとして、このような「**複数の収入源を持つこと＝マルチインカム**」が注目されています。

もちろん、すぐにうまくいかないこともありますが、コンセプト型のカフェの場合は、売上収入のチャネルが増えれば、利益も増える設計が可能です。利益が増えるということは、「より長く愛され続けるカフェになる」ことに直結するということです。

マルチインカムで安定経営を目指そう

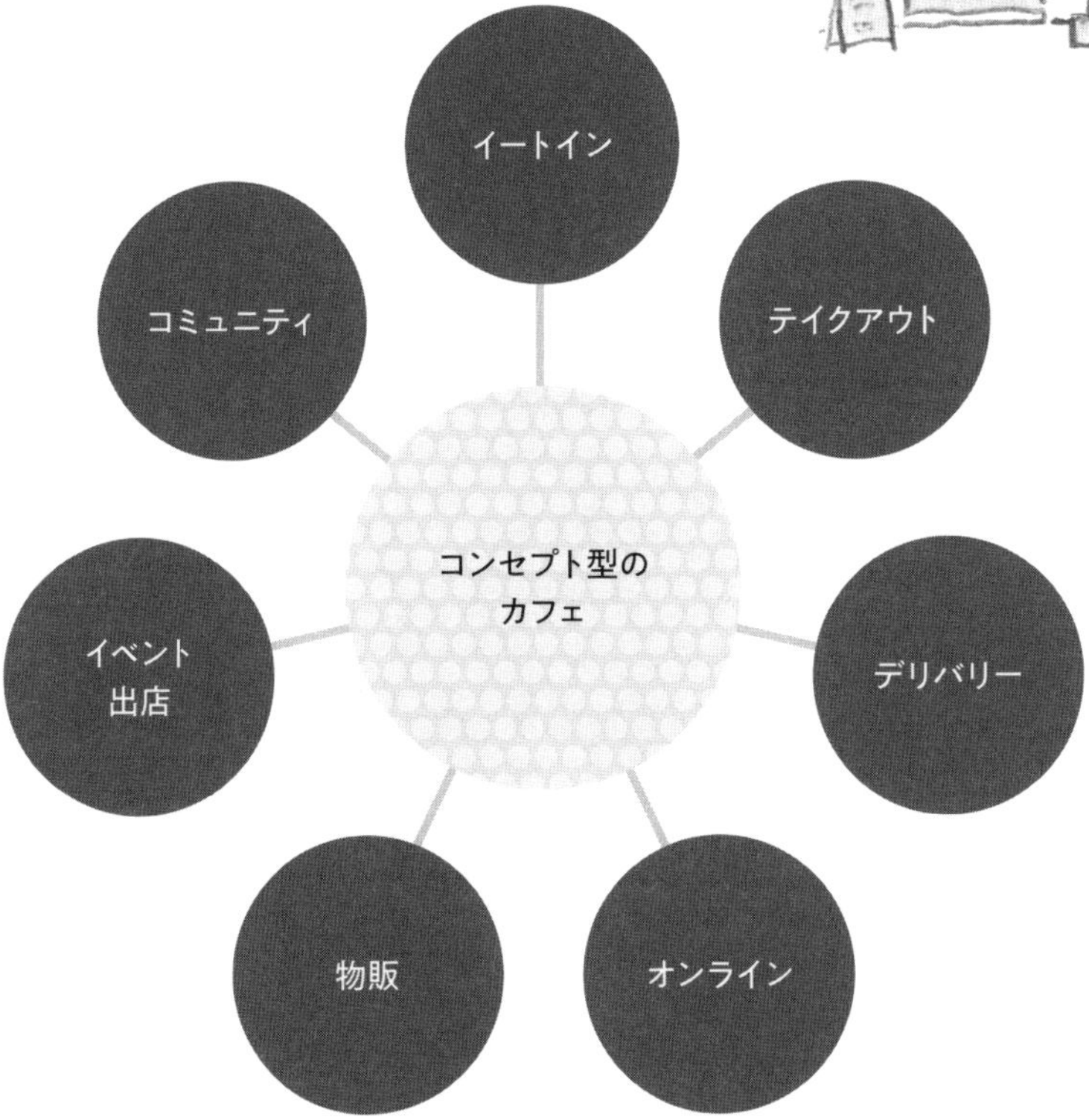

POINT

コンセプトを活かした「マルチインカム」で、利益を増やし、「長く愛され続けるカフェ」を目指しましょう！

おわりに

ここまでお読みいただき、ありがとうございます。

皆様の「ゆくゆくカフェを開業してみたいけれど、何から準備すればいいのだろうか？」「長く経営するにはどんなことをすればいいのだろうか？」、そんな疑問が少しでも解決して、「やっぱりカフェを開業したい！」と、新しいあなたの未来が描けていれば、うれしい限りです。

本書でもお伝えしたように、廃業率が高い飲食業界ではありますが、実際に成功している経営者や専門家たちが、何度も負けそうになりながら、それでも前に進んできた「本物のノウハウ」を詰め込んだのが、この本です。本書をきっかけに、素晴らしい個人カフェが日本に増えていき、地域や街が元気になっていく未来を一緒につくっていけたら、最高です。

個人カフェは、オーナーの人生そのものです。もっと自由に、もっと楽しく、もっと好きなことを追求するあなただけの人生をカフェで実現しましょう。

カフェとともに生きる。

そんな想いが、私たちのコンセプトです。

時代や社会環境もどんどん変わり、災害や世界的なウイルス感染の拡大など、今までにないことが今後も起こってくると思います。ですが、どんな環境になり、どんなことが起こっても、世界中からカフェがなくなることは絶対にありません。

私たちが生きていく中で、コーヒーを飲んだり、おいしい食べ物を食べたり、誰かに会いに行ったり、自分の時間を大切にしたりできる、そんな場所はカフェしかないからです。

カフェの持つチカラを信じて、一度しかない人生を楽しみましょう。誰かと比べたりする必要のない「自分サイズのカフェ」をつくって、地域や街のお客様、そして、あなた自身が幸せな人生を歩んでいくことを私たちカフェズライフの全員が応援しています。

そして、日本中の個人カフェの1店舗ずつ、オーナーの1人ずつがつながっていければいいと思っています。ビジネスシェアや相談できる仲間がいること、オリジナリティあふれるネットワークがあること、お客様が日本中の素敵なカフェに行けること、そんな日本の未来を一緒に実現していきましょう。


この本を出版するにあたり、多大な協力をいただきましたカフェズライフの講師を含むカフェオーナーの方々、カフェに関わるさまざまな業界の皆様、スクールの受講生・卒業生の皆様、出版社の方、ライターの方、皆様の「カフェを通じて幸せな人を増やしたい」というビジョンのもと、刊行の運びとなりましたこと、心より感謝いたします。

そして、読者の皆様の未来に少しでもお役に立てましたら幸いです。

カフェズライフ　野田貴之

ご協力者一覧

皆様のおかげで本書が完成いたしました。御礼申し上げます。

（2章監修）株式会社エルワールド　代表取締役　髙橋香織さん
（3章監修）Mother Moon Café スーパーバイザー 中島徳太郎さん
（4章監修）Mother Moon Café スーパーバイザー 中島徳太郎さん
株式会社アップターン　代表取締役　東海林健太郎さん
（5章監修）TAOCA COFFEE　代表取締役 CEO　田岡英之さん
（6章監修）株式会社 KIMIYU Global　代表取締役　松本達也さん
（7章監修）株式会社サニーブランチカンパニー　代表取締役　高根三枝さん
（8章監修）有限会社セルフ　取締役社長　船原かな子さん
（9章監修）株式会社インサイトラボ　代表取締役　藤原明文さん

***

株式会社 TNT MARKET/cafe 太陽の塔　代表取締役　広原典子さん
株式会社 KIMIYU Global　総料理長　稲葉加都彦さん
ゆげ焙煎所　代表　岡本靖広さん
北浜ポート焙煎所　店主　髙橋勇気さん
ハマヤ珈琲株式会社　焙煎士／バリスタ　畑山裕一さん
ハマヤ珈琲株式会社　焙煎士／バリスタ　大西 豊さん
AMAZING COFFEE ROASTER　店主／ロースター兼バリスタ　高橋仁志さん
Freelance Barista　石田謙介さん
古民家 そらcafe　オーナー／フードクリエーター　森部麻里子さん
いしころカフェ　オーナー　山下さとこさん
株式会社 KOV　代表取締役　小藪貴士さん
COCOLO.LABO 株式会社／バール COCOLO　丸山 卓さん
Nostargie Café ろまん亭　店主　松尾敏正さん
岡本珈琲株式会社　代表取締役　岡本一芳さん
有限会社ページー　代表取締役／パティシエ　中島 徹さん
Seiichiro, NISHIZONO　オーナーパティシエ　西園誠一郎さん
PONY PONY HUNGRY　オーナーパティシエ　浮田彩子さん
株式会社かめいあんじゅ　商品企画開発室チーフバイヤー　岡本勝彦さん
Niku Teria カルネバッカ　オーナーシェフ　岩倉達樹さん
Grill Barbie　オーナーシェフ　玉木巧一さん
Freelance Boulanger　ベーカリーコンサルタント　田中良哉さん
Hone' the'　Tea director　西田万智子さん
株式会社ビッグメイク amusu tea　片山 忍さん
株式会社 DCS　代表取締役社長　佐野徳夫さん
Actvision 税理士事務所　代表　塩谷宣弘さん
株式会社ザワン　代表取締役　片山慎一さん
オフィスプリュス　代表 森本 圭さん
ふえのみち農園　代表　横山湧亮さん
株式会社フードビジネスキャスティング　福川尊史さん
一般社団法人日本催事販売協会　代表　植野博徳さん
株式会社 GAD　青崎竜一郎さん
オーガニックハーブティー専門店 YUANHERB　岡田 葵さん

***

総合監修　Cafe's LIFE　代表　野田貴之

読者特典

「MYカフェコンセプト」シート
ダウンロード

https://cafeslife.jp/cafebook/sheet/conceptsheet_dl.pdf

本書でもご紹介した
「MY カフェコンセプト」シートを提供しています。
ぜひ、ダウンロードして、
あなたのカフェ開業にお役立てください。

Cafe's LIFE
〒531-0072
大阪府大阪市北区豊崎2-4-10 クリスタル豊崎ビル2F
フリーダイヤル 0120-917-714
https://cafeslife.jp/

※本サービスについてのお問い合わせはCafe's LIFEまでお願いします。
※本サービスは予告なく終了する場合がございます。ご了承ください。

著者　Cafe's LIFE（カフェズライフ）

2016年11月に開校した関西初のカフェ開業専門スクール。人気カフェのオーナーやバリスタ、シェフなど実際にカフェを経営している経営者や、カフェビジネスの専門家たちを講師に迎え、カフェ開業の流れから経営まで実践型の講義を行なっている。スクールの名称には、「カフェとともに生きる」という想いが込められている。2020年5月、カフェズライフ東京校を開校。2021年10月、個人カフェオーナーを応援する一般社団法人カフェのある暮らし協会を設立。2022年3月、全国から受講可能なオンライン校を開校。

【お問い合わせ】
Cafe's LIFE
大阪校）531-0072　大阪府大阪市北区豊崎2-4-10 クリスタル豊崎ビル2F
TEL 0120-917-714　URL https://cafeslife.jp/
東京校）150-0022　東京都渋谷区恵比寿南1-12-5
TEL 0120-504-416　URL https://tcsa.tokyo/
オンライン校）TEL 0120-917-714　URL https://online.cafeslife.jp/

監修者　野田 貴之（のだ たかゆき）

株式会社フードデザインラボ代表取締役
大手教育企業において様々なジャンルのスクール事業を経験。日本における、起業教育の不足を痛感し自ら起業独立。2016年11月、地域創生、起業支援につながるカフェ開業専門スクール「Cafe's LIFE」を開校。「失敗しない」カフェ開業を講師・ブレーンとともに支援し、卒業生開業実績も多数。現在、東京校、オンライン校を開校、全国から受講できる環境を目指す。カフェオーナー育成・支援のため、一般社団法人カフェのある暮らし協会を設立し、カフェを通じた地域・社会貢献に尽力している。

はじめよう！ 自分サイズのカフェ

2020年10月13日　初版発行
2024年 8 月28日　8刷発行

監修者 —— 野田貴之

発行者 —— 中島豊彦

発行所 —— 同文舘出版株式会社

東京都千代田区神田神保町1-41　〒101-0051
電話　営業03（3294）1801　編集03（3294）1802
振替00100-8-42935
https://www.dobunkan.co.jp/

ISBN978-4-495-54065-4
印刷／製本：萩原印刷
Printed in Japan 2020